바로보인

전 傳
등 燈
록 錄

28

농선 대원 역저

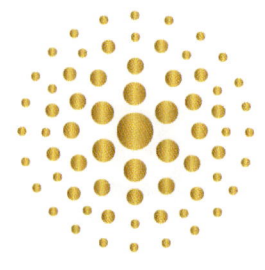

이 원상은 농선 대원 선사님께서 직접 그리신 것으로 모든 불성이 서로 상즉해 공존하는 원리를 담은 것이다.

선 심(禪心)

누리 삼킨 참나를
낙화(落花)로 자각(自覺)
떨어지는 물소리로 웃고 가는 길
돌에서 꽃에서도 님이 맞는다

 정맥 선원의 문젠 마크는 농선 대원 선사님께서 마음을 상징하는 달(moon)과 그 마음을 깨달아 마음이 내가 된 삶인 선(zen)을 평화의 상징인 비둘기로 형상화하신 것이다.

교조 석가모니 부처님과
부처님으로부터 직계로 내려온
불조정맥 78대 조사들의
진영과 전법게

 불조정맥

    불조정맥이란 석가모니 부처님으로부터 현 78대 조사에 이르기까지 스승에게 깨달음의 인증인 인가를 받아 법을 전하라는 부촉을 받은 전법선사의 맥이다. 여기에 실린 불조진영과 전법게는 농선 대원 선사님께서 다년간 수집 정리하여 기도와 관조 끝에 완성하여 수립하신 것이다. 각 선사의 진영과 함께 실린 전법게는 스승으로부터 직접 전해 받은 게송이다. 단, 석가모니 부처님 진영에 실린 게송은 석가모니 부처님의 게송이다.

교조 석가모니 부처님

환화라고 하는 것 근본 없어 생긴 적도 없어서	幻化無因亦無生
모두가 스스로 이러-해서 본다 함도 이러-하네	皆則自然見如是
모든 법도 스스로 화한 남, 아닌 것이 없어서	諸法無非自化生
환화라 하지만 남이 없어 두려워할 것도 없네	幻化無生無所畏

제1조 마하가섭 존자

법이라는 본래 법엔 법이랄 것 없으나	法本法無法
법이랄 것 없다는 법, 그 또한 법이라	無法法亦法
이제 법이랄 것 없음을 전해줌에	今付無法時
법이라는 법인들 그 어찌 법이랴	法法何曾法

제2조 아난다 존자

법이란 법 본래의 법이라	法法本來法
법도 없고 법 아님도 없으니	無法無非法
어떻게 온통인 법 가운데	何於一法中
법 있으며 법 아닌 것 있으랴	有法有非法

제3조 상나화수 존자

본래의 법 전함이 있다 하나	本來付有法
전한 말에 법이랄 것 없다 했네	付了言無法
각자가 스스로 깨달으라	各各須自悟
깨달으면 법 없음도 없다네	悟了無無法

제4조 우바국다 존자

법 아니고 마음도 아니어서	非法亦非心
맘이랄 것, 법이랄 것 없나니	無心亦無法
마음이다, 법이다 설할 때는	說是心法時
그 법은 마음법이 아니로다	是法非心法

제5조 제다가 존자

마음이란 스스로인 본래의 마음이니	心自本來心
본래의 마음에는 법 있는 것 아니로다	本心非有法
본래의 마음 있고 법이란 것 있다 하면	有法有本心
마음도 아니요 본래 법도 아니로다	非心非本法

제6조　미차가 존자

본래의 마음법을 통달하면　　　　　通達本心法
법도 없고, 법 아님도 없도다　　　　無法無非法
깨달으면 깨닫기 전과 같아　　　　　悟了同未悟
마음이니, 법이니 할 것 없네　　　　無心亦無法

제7조　바수밀 존자

맘이랄 것 없으면 얻음도 없어서　　　　　無心無可得
설함에 법이라 이름할 것도 없네　　　　　說得不名法
만약에 맘이라 하면 마음 아님 깨달으면　若了心非心
비로소 마음인 마음법 안다 하리　　　　　始解心心法

제8조　불타난제 존자

가없는 마음으로　　心同虛空界
가없는 법 보이니　　示等虛空法
가없음을 증득하면　證得虛空時
옳고 그른 법이 없다　無是無非法

제9조　복타밀다 존자

허공이 안팎 없듯　　虛空無內外
마음법도 그러하다　　心法亦如此
허공이치 요달하면　　若了虛空故
진여이치 통달하네　　是達眞如理

제10조　파율습박(협) 존자

진리란 본래에 이름할 수 없으나　　　眞理本無名
이름에 의하여 진리를 나타내니　　　　因名顯眞理
받아 얻은 진실한 법이라고 하는 것　　受得眞實法
진실도 아니요, 거짓도 아니로세　　　非眞亦非僞

제11조　부나야사 존자

참된 몸 스스로 이러-히 참다우니	眞體自然眞
참됨을 설함으로 인해 진리란 것 있다 하나	因眞說有理
참답게 참된 법을 깨달아 얻으면	領得眞眞法
베풀 것도 없으며 그칠 것도 없다네	無行亦無止

제12조　아나보리(마명) 존자

미혹과 깨침이란 숨음과 드러남 같다 하나	迷悟如隱顯
밝음과 어둠이 서로가 여읠 수 없는 걸세	明暗不相離
이제 숨음이 드러난 법 부촉한다지만	今付隱顯法
하나도 아니요, 둘도 또한 아니로세	非一亦非二

제13조　가비마라 존자

숨었느니 드러났느니 하지만 본래의 법에는	隱顯卽本法
밝음과 어두움이 원래에 둘 아니라	明暗元不二
깨달아 마친 법을 전한다고 하지만	今付悟了法
취함도 아니요, 여읨도 아니로세	非取亦非離

제14조　나가르주나(용수) 존자

숨을 수도, 드러날 수도 없는 법이라 함	非隱非顯法
이것이 참다운 실제를 말함이니	說是眞實際
숨음이 드러난 법 깨달았다 하나	悟此隱顯法
어리석음도 아니요 지혜로움도 아니로다	非愚亦非智

제15조　가나제바 존자

숨었느니 드러났느니 하면 법에 밝다 하랴	爲明隱顯法
밝게 해탈의 이치를 설하려면	方說解脫理
저 법에 증득한 바도 없는 마음이어야 하니	於法心不證
성낼 것도 없으며 기쁠 것도 없다네	無瞋亦無喜

제16조   라후라타 존자

본래에 법을 전할 사람 대해	本對傳法人
해탈의 진리를 설하나	爲說解脫理
법엔 실로 증득한 바 없어서	於法實無證
마침도 비롯함도 없느니라	無終亦無始

제17조   승가난제 존자

법에는 진실로 증득한 바 없어서	於法實無證
취함도 없으며 여읨도 없느니라	不取亦不離
법에는 있다거나 없다는 상도 없거늘	法非有無相
안이니 밖이니 어떻게 일으키리	內外云何起

제18조   가야사다 존자

맘 바탕엔 본래에 남 없거늘	心地本無生
바탕의 인, 연을 쫓아 일으키나	因地從緣起
연과 종자 서로가 방해 없어	緣種不相妨
꽃과 열매 그 또한 그러하네	華果亦復爾

제19조   구마라다 존자

마음의 바탕에 지닌 종자 있음에	有種有心地
인과 연이 능히 싹 나게 하지만	因緣能發萌
저 연에 서로가 걸림이 없어서	於緣不相礙
마땅히 난다 해도 남이 남 아니로세	當生生不生

제20조   사야다 존자

성품에는 본래에 남 없건만	性上本無生
구하는 사람 대해 설할 뿐	爲對求人說
법에는 얻은 바 없거늘	於法旣無得
어찌 깨닫고, 깨닫지 못함을 둘 것인가	何懷決不決

제21조 바수반두 존자

말 떨어지자마자 무생에 계합하면	言下合無生
저 법계와 성품이 함께 하리니	同於法界性
만일 능히 이와 같이 깨친다면	若能如是解
궁극의 이변 사변 통달하리	通達事理竟

제22조 마노라 존자

물거품과 환 같아 걸릴 것도 없거늘	泡幻同無礙
어찌하여 깨달아 마치지 못했다 하는가	如何不了悟
그 가운데 있는 법을 통달하면	達法在其中
지금도 아니요, 옛 또한 아니니라	非今亦非古

제23조 학륵나 존자

마음이 만 경계를 따라서 구르나	心隨萬境轉
구르는 곳마다 실로 능히 그윽함에	轉處實能幽
성품을 깨달아서 흐름을 따르면	隨流認得性
기쁠 것도 없으며 근심할 것도 없네	無喜亦無憂

제24조 사자보리 존자

마음의 성품을 깨달음에	認得心性時
사의할 수 없다고 말하나니	可說不思議
깨달아 마쳐서는 얻음 없어	了了無可得
깨달아선 깨달았다 할 것 없네	得時不說知

제25조 바사사다 존자

깨달음의 지혜를 바르게 설할 때에	正說知見時
깨달음의 지혜란 이 마음에 갖춘 바라	知見俱是心
지금의 마음이 곧 깨달음의 지혜요	當心卽知見
깨달음의 지혜가 곧 지금의 함일세	知見卽于今

제26조 불여밀다 존자

성인이 말하는 지견은 聖人說知見
경계를 맞아서 시비 없네 當境無是非
나 이제 참성품 깨달음에 我今悟眞性
도랄 것도, 이치랄 것도 없네 無道亦無理

제27조 반야다라 존자

맘 바탕에 참성품 갖췄으나 眞性心地藏
머리도, 꼬리도 없으니 無頭亦無尾
인연 응해 만물을 교화함을 應緣而化物
지혜라고 하는 것도 방편일세 方便呼爲智

제28조 보리달마 존자

마음에서 모든 종자 냄이여 心地生諸種
일(事)로 인해 다시 이치 나느니라 因事復生理
두렷이 보리과가 원만하니 果滿菩提圓
세계를 일으키는 꽃 피우리 華開世界起

제29조 신광 혜가 대사

내가 본래 이 땅에 온 것은 吾本來此土
법을 전해 중생을 구함일세 傳法救迷情
한 송이에 다섯 꽃잎 피리니 一花開五葉
열매 맺음 자연히 이뤄지리 結果自然成

제30조 감지 승찬 대사

본래의 바탕에 연 있으면 本來緣有地
바탕의 인에서 종자 나서 꽃핀다 하나 因地種華生
본래엔 종자가 있은 적도 없어서 本來無有種
꽃핀 적도 없으며 난 적도 없다네 華亦不曾生

제31조　대의 도신 대사

꽃과 종자 바탕으로 인하니	華種雖因地
바탕을 쫓아서 종자와 꽃을 내나	從地種華生
만약에 사람이 종자 내림 없으면	若無人下種
남 없어 바탕에 꽃핀 적도 없다 하리	華地盡無生

제32조　대만 홍인 대사

꽃과 종자 성품에서 남이라	華種有生性
바탕으로 인해서 나고 꽃피우니	因地華生生
큰 연과 성품이 일치하면	大緣與性合
그 남은 나도 남 아니로세	當生生不生

제33조　대감 혜능 대사

정 있어 종자를 내림에	有情來下種
바탕 인해 결과 내어 영위하나	因地果還生
정이랄 것도 없고 종자랄 것도 없어서	無情旣無種
만물의 근원인 도의 성품엔 또한 남도 없네	無性亦無生

제34조　남악 회양 전법선사

마음의 바탕에 모든 종자 머금어져	心地含諸種
널리 비 내림에 모두 다 싹트도다	普雨悉皆生
단박에 깨달아 정을 다한 꽃피움에	頓悟華情已
보리의 과위가 스스로 이뤄졌네	菩提果自成

제35조　마조 도일 전법선사

마음의 바탕에 모든 종자 머금어져	心地含諸種
비와 이슬 만남에 모두 다 싹이 트나	遇澤悉皆萌
삼매의 꽃핌이라 형상이 없거늘	三昧華無相
무엇이 무너지고 무엇이 이뤄지랴	何壞復何成

제36조   백장 회해 전법선사

마음 외에 본래에 다른 법이 없거늘	心外本無法
부촉함이 있다 하면 마음법이 아닐세	有付非心法
원래에 마음법 없음을 깨달은	既知非法心
이러-한 마음법을 그대에게 부촉하네	如是付心法

제37조   황벽 희운 전법선사

본래에 말로는 부촉할 수 없는 것을	本無言語囑
억지로 마음의 법이라 전함이니	強以心法傳
그대가 원래에 받아 지닌 그 법을	汝既受持法
마음의 법이라고 다시 어찌 말하랴	心法更何言

제38조   임제 의현 전법선사

마음의 법 있으면 병이 있고	病時心法在
마음의 법 없으면 병도 없네	不病心法無
내 부촉한 마음의 법에는	吾所付心法
마음의 법 있는 것 아니로세	不在心法途

제39조   흥화 존장 전법선사

지극한 도는 간택함이 없으니	至道無揀擇
본래의 마음이라 향하고 등짐이 없느니라	本心無向背
이 같음을 감당해 이으려는가?	便如此承當
봄바람에 곤한 잠을 더하누나	春風增瞌睡

제40조   남원 혜옹 전법선사

대도는 온통 맘에 있다지만	大道全在心
맘에 구함 있으면 그르치네	亦非在心求
그대에게 부촉한 자심의 도에는	付汝自心道
기쁨도 근심도 없느니라	無喜亦無憂

제41조 풍혈 연소 전법선사

나 이제 법 없음을 말하노니	我今無法說
말한 바가 모두 다 법 아니라	所說皆非法
법 없는 법 지금에 부촉하니	今付無法法
이 법에도 머무르지 말아라	不可住于法

제42조 수산 성념 전법선사

말한 적도 없어야 참법이니	無說是眞法
이 말함은 원래에 말함 없네	其說元無說
나 이제 말한 적도 없을 때	我今無說時
말함이라 말한들 말함이랴	說說何曾說

제43조 분양 선소 전법선사

예로부터 말함 없음 부촉했고	自古付無說
지금의 나 또한 말함 없네	我今亦無說
다만 이 말함 없는 마음을	只此無說心
모든 부처 다 같이 말한 바네	諸佛所共說

제44조 자명 초원 전법선사

허공이 형상이 없다 하나	虛空無形像
형상도, 허공도 아닐세	形像非虛空
내 부촉한 마음의 법이란	我所付心法
공도 공한 공이어서 공 아닐세	空空空不空

제45조 양기 방회 전법선사

허공이 면목이 없듯이	虛空無面目
마음의 상 또한 이와 같네	心相亦如然
곧 이렇게 비고 빈 마음을	卽此虛空心
높은 중에 높다고 하는 걸세	可稱天中天

제46조　백운 수단 전법선사

마음의 본체가 허공같아　　　　心體如虛空
법 또한 허공처럼 두루하네　　　法亦遍虛空
허공 같은 이치를 증득하면　　　證得虛空理
법도 아니요, 공한 맘도 아니로세　非法非心空

제47조　오조 법연 전법선사

도에는 나라는 나 원래 없고　　　道我元無我
도에는 맘이란 맘 원래 없네　　　道心元無心
오직 이 나라 함도 없는 법으로　唯此無我法
나라 함 없는 맘에 일체하네　　　相契無我心

제48조　원오 극근 전법선사

참나에는 본래에 맘이랄 것 없으며　　眞我本無心
참마음엔 역시나 나랄 것 없으나　　　眞心亦無我
이러-히 참답게 참마음에 일체되면　契此眞眞心
나를 나라 한들 어찌 거듭된 나겠는가　我我何曾我

제49조　호구 소륭 전법선사

도 얻으면 자재한 마음이고　　　得道心自在
도 얻지 못하면 근심이라 하나　不得道憂惱
본래의 마음의 도 부촉함에　　　付汝自心道
기쁨도, 근심도 없느니라　　　　無喜亦無惱

제50조　응암 담화 전법선사

맑던 하늘 구름 덮인 하늘 되고　天晴雲在天
비 오더니 젖어있는 땅일세　　　雨落濕在地
비밀히 마음을 부촉함이여　　　　秘密付與心
마음법이란 다만 이것일세　　　　心法只這是

제51조 밀암 함걸 전법선사

부처님은 눈으로써 별을 보고	佛用眼觀星
난 귀로써 소리를 들었도다	我用耳聽聲
나의 함이 부처님의 함과 같아	我用與佛用
내 밝음이 그대의 밝음일세	我明汝亦明

제52조 파암 조선 전법선사

부처와 더불어 중생의 보는 것이	佛與衆生見
원래 근본 부처인데 금 그은들 바뀌랴	元本佛隔線
그대에게 부촉한 본연의 마음법에는	付汝自心法
깨닫고 깨닫지 못함도 없느니라	非見非不見

제53조 무준 사범 전법선사

내가 만약 봄이 없다 할 때에	我若不見時
그대 응당 봄이 없이 보아라	汝應不見見
봄에 봄 없어야 본연의 봄이니	見見非自見
본연의 마음이 언제나 드러났네	自心常顯現

제54조 설암 혜랑 전법선사

진리는 곧기가 거문고줄 같다는데	眞理直如絃
어떻게 침묵이나 말로 다시 할 것인가	何默更何言
나 이제 그대에게 공교롭게 부촉하니	我今善付囑
밝힌 마음 본래에 얻음이 없는 걸세	表心本無得

제55조 급암 종신 전법선사

사람에겐 미혹하고 깨달음이 본래 없는데	本無迷悟人
미했느니 깨쳤느니 제 스스로 분별하네	迷悟自家計
젊어서 깨달았다 말이나 한다면	記得少壯時
늙어서까지라도 깨닫지 못할 걸세	而今不覺老

제56조 석옥 청공 전법선사

이 마음이 지극히 광대하여　　　　　此心極廣大
허공에 비할 수도 없다네　　　　　　虛空比不得
이 도는 다만 오직 이러-하니　　　　此道只如是
밖으로 찾음 쉬어 받아 지녔네　　　　受持休外覓

제57조 태고 보우 전법선사

지극히 큰 이것인 이 마음과　　　　　至大是此心
지극히 성스러운 이것인 이 법이라　　至聖是此法
등불과 등불의 광명처럼 나뉨 없음　　燈燈光不差
이 마음 스스로가 통달해 마침일세　　了此心自達

제58조 환암 혼수 전법선사

마음 중의 본연의 마음과　　　　　　心中有自心
법 중의 지극한 법을　　　　　　　　法中有至法
내가 지금 부촉한다 하나　　　　　　我今可付囑
마음법엔 마음법이라 함도 없네　　　心法無心法

제59조 구곡 각운 전법선사

온통인 도, 마음의 광명이라 할 것도 없으나　一道不心光
과거, 현재, 미래와 시방을 밝힘일세　　　　三際十方明
어떻게 지극히 분명한 이 가운데　　　　　　何於明白中
밝음과 밝지 않음 있다고 하리오　　　　　　有明有不明

제60조 벽계 정심 전법선사

나 지금 법 없음을 부촉하고　　　　　我無法可付
그대는 무심으로 받는다 하나　　　　　汝無心可受
전함 없고 받음 없는 맘이라면　　　　無付無受心
누구라도 성취하지 못했다 하랴　　　　何人不成就

제61조 벽송 지엄 전법선사

마음이 곧 깨달음의 마음이요	心卽能知心
법이 곧 깨달음의 법이라	法卽可知法
마음법을 마음법이라 전한다면	法心付法心
마음도, 법도 아닐세	非心亦非法

제62조 부용 영관 전법선사

조사와 조사가 법 없음을 부촉한다 하나	祖祖無法付
사람과 사람마다 본래 스스로 지님일세	人人本自有
그대는 부촉함도 없는 법을 받아서	汝受無付法
긴요히 뒷날에 전하도록 하여라	急着傳於後

제63조 청허 휴정 전법선사

참성품은 본래에 성품이라 할 것 없고	眞性本無性
참법은 본래에 법이라 할 것 없네	眞法本無法
법이니 성품이니 할 것 없음 깨달으면	了知無法性
어떠한 곳엔들 통달하지 못하랴	何處不通達

제64조 편양 언기 전법선사

법도 아니고 법 아님도 아니고	非法非非法
성품도 아니고 성품 아님도 아니며	非性非非性
마음도 아니고 마음 아님도 아님이	非心非非心
그대에게 부촉하는 궁극의 마음법일세	付汝心法竟

제65조 풍담 의심 전법선사

부처님이 전하신 꽃 드신 종지와	師傳拈花宗
내가 미소지어 보인 도리를	示我微笑法
친히 손수 그대에게 분부하니	親手分付汝
받들어 지녀 누리에 두루하게 하라	持奉遍塵刹

제66조　월담 설제 전법선사

깨달아선 깨달은 바 없으며	得本無所得
전해서는 전함 또한 없느니라	傳亦無可傳
전함도 없는 법을 부촉함이여	今付無傳法
동서가 온통한 하늘일세	東西共一天

제67조　환성 지안 전법선사

전하거나 받을 법이 없어서	無傳無受法
전하거나 받는다는 맘도 없네	無傳無受心
부촉하나 받은 바 없는 이여	付與無受者
허공의 힘줄마저 뽑아서 끊었도다	撑斷虛空筋

제68조　호암 체정 전법선사

연류에 따른 일단사여	沿流一段事
머리도 꼬리도 필경 없네	竟無頭與尾
사자새끼인 그대에게 부촉하니	付與獅子兒
사자후 천지에 가득케 하라	哨吼滿天地

제69조　청봉 거안 전법선사

서 가리켜 동에 그림이여	指西喚作東
풍악산의 뭇 봉우리로다	楓嶽山衆峰
불조의 이러한 법을	佛祖之此法
너에게 분부하노라	分付今日汝

제70조　율봉 청고 전법선사

머리도 꼬리도 없는 도리	無頭尾道理
오늘 그대에게 전해주니	今日傳授汝
이후로 보림을 잘 하여서	此後善保任
영원히 끊어짐이 없게 하라	永遠無斷絶

제71조 금허 법첨 전법선사

그믐날 근원에 돌아간다 말했으나	晦日豫言爲還元
법신에 그 어찌 가고 옴이 있으랴	法身何有去與來
푸른 하늘 해 있고, 못 가운데 연꽃일세	日在靑天池中蓮
이 법을 분부하니 끊어짐이 없게 하라	此法分付無斷絶

제72조 용암 혜언 전법선사

'연꽃이 나왔다' 하여 보인 큰 도리를	示出蓮之大道理
다시 또 뜰 밑 나무 가리켜 보여서	復亦指示庭下樹
후일의 크고 큰일 그대에게 부촉하니	後日大事與咐囑
잘 지녀 보림하여 끊어짐 없게 하라	保任善持無斷絶

제73조 영월 봉율 전법선사

사느니 죽느니 이 무슨 말들인고	生也死也是何言
물밭엔 연꽃이고 하늘엔 해일세	水田蓮花在天日
가없이 이러-해서 감출 수 없이 드러남	無邊無藏露如是
오늘 네게 분부하니 끊어짐 없게 하라	今日分付無斷絶

제74조 만화 보선 전법선사

봄산과 뜬구름을 동시에 보아라	春山浮雲觀同時
중생들의 이익될 바 그 가운데 있느니라	普益衆生在其中
이 가운데 도리를 이제 네게 부촉하니	此中道理今付汝
계승해 끊임없이 번성케 할지어다	繼承無斷爲繁盛

제75조 경허 성우 전법선사

하늘의 뜬구름이 누설한 그 도리를	浮雲漏泄其道理
오늘날 선자에게 부촉하여 주노니	今日咐囑與禪子
철저하게 보림하여 모범을 보임으로	保任徹底示模範
후세에 끊어짐이 없게 할 맘, 지니게나	後世無斷爲持心

제76조   만공 월면 전법선사

구름과 달, 산과 계곡이라, 곳곳에서 같음이여	雲月溪山處處同
선가의 나의 제자 수산의 큰 가풍일세	曳山禪子大家風
은근히 무문인을 그대에게 분부하니	慇懃分付無文印
이 기틀의 방편이 활안 중에 있노라	一段機權活眼中

제77조   전강 영신 전법선사

불조도 전한 바 없어서	佛祖未曾傳
나 또한 얻은 바 없음을…	我亦無所得
가을빛 저물어 가는 날에	此日秋色暮
뒷산의 원숭이가 울고 있네	猿嘯在後峰

제78대   농선 대원 전법선사

부처와 조사도 일찍이 전한 것이 아니거늘	佛祖未曾傳
나 또한 어찌 받았다 하며 준다 할 것인가	我亦何受授
이 법이 2천년대에 이르러서	此法二千年
널리 천하 사람을 제도하리라	廣度天下人

부처님으로부터 직계로 내려온 불조정맥 제78대 농선 대원 선사님

농선 대원 전법선사의 3대 서원

오로지 정법만을 깨닫기 서원합니다.
입을 열면 정법만을 설하기 서원합니다.
중생이 다하는 그날까지 교화하기 서원합니다.

성불사 국제정맥선원 대웅전

성불사 국제정맥선원은

농선 대원 선사님께서 주석하시는 곳으로

대원 선사님의 지도하에 비구스님들이

직접 지은 도량이다.

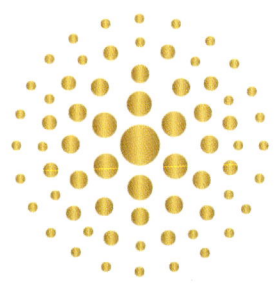

불교 8대 선언문

불교는 자신에게서 영생을 발견하게 한 유일한 종교이다.
불교는 자신에게서 모든 지혜를 발견하게 한 유일한 종교이다.
불교는 자신에게서 모든 능력을 발견하게 한 유일한 종교이다.
불교는 자신에게서 모든 것을 이루게 한 유일한 종교이다.
불교는 자신에게서 극락을 발견하게 한 유일한 종교이다.
불교는 깨달으면 차별 없어 평등하다는 유일한 종교이다.
불교는 모든 억압 없이 자신감을 갖게 한 유일한 종교이다.
불교는 그러므로 온 누리에 영원할 만인의 종교이다.

농선 대원 전법선사 주창

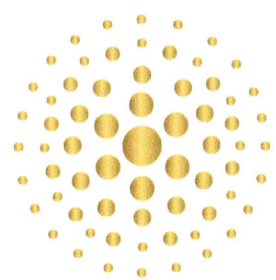

전세계의 불교계에서 통일시켜야 할 일

경전의 말씀대로 32상과 80종호를 갖춘 불상으로 통일해야 한다.

예불 드리는 법을 통일해야 한다.

불공의식을 통일해야 한다.

농선 대원 전법선사 주창

농선 대원 선사의 전등록 발간의 의의

선문(禪文)이란 말 밖의 말로 마음을 바로 가리켜 깨닫게 하여 그 깨달은 마음 바탕에서 닦아 불지(佛地)에 이르게 하는 문(門)이다. 그러기에 지식이나 알음알이로는 헤아려 알 수 없는 것이어서 깨달아 증득하여 일체종지(一切種智)를 이룬 이가 아니고는 그 요지를 바로 보아 이끌어 줄 수 없다.

지금 불교의 현실이 대본산 강원조차 이런 안목으로 이끌어 주는 선지식이 없어서 선종(禪宗) 최고의 공안집인 '전등록', '선문염송' 강의가 모두 폐강된 상황이다.
이에 대원 선사님께서는 불조(佛祖)의 요지가 말이나 글에 떨어져 생사해탈의 길이 단절되는 것을 염려하여 깨달음의 법을 선리(禪理)에 맞게 바로 잡는 역경 작업에 혼신을 다하고 계신다.

대원 선사님께서는 19세에 선운사 도솔암에서 활연대오한 후, 대선지식과의 법거량에서 한 치의 주저함도 없이 명쾌하게 응대하시니 당시 12대 선지식들께서 탄복해 마지않으셨다. 경봉 선사님과 조계종 지혜제일 전강 선사님과의 문답만을 보더라도 취모검과 같은 대원 선사님의 선지를 엿볼 수 있다.

맨 처음 통도사 경봉 선사님을 찾아뵈었을 때, 마침 늦가을 감나무에서 감을 따고 계신 경봉 선사님을 보자 감나무 주위를 한 번 돌고 서 있으니, 경봉 선사님께서 물으셨다.

"어디서 왔는가?"

"호남에서 왔습니다."

"무엇을 공부했는가?"

"선을 공부했습니다."

"무엇이 선이냐?"

"감이 붉습니다."

"네가 불법을 아는가?"

"알면 불법이 아닙니다."

위의 문답이 있은 후 경봉 선사님께서는 해제 법문을 대원 선사님께 맡기셨으나 대원 선사님께서는 아직 그럴 때가 아니라 여겨져 그 이튿날인 해제일 새벽 직전에 통도사를 떠나와 버리셨다.

또 광주 동광사에서 처음 전강 선사님을 뵈었을 때, 20대 초면의 젊은 승려인 대원 선사님께 전강 선사님께서 대뜸 '달마불식 도리'를 일러보라 하셨다. 대원 선사님께서 아무 말없이 다가가 전강 선사님의 목에 있는 점 위의 털을 뽑아 버리고 종무소로 가니, 전강 선사님께서 "여기 사람 죽이는 놈이 있다."하며 종무소까지 따라오다 방장실로 돌아가셨다.

그 이후 대원 선사님께서 군산 은적사에서 전강 선사님을 시봉하며 모시고 계실 때, 전강 선사님께서 또 물으셨다.

"공적의 영지를 일러라."

"이러-히 스님과 대담합니다."

"영지의 공적을 일러라."

"스님과 대담에 이러-합니다."

"이러-한 경지를 일러라."

"명왕은 어상을 내리지 않고 천하일에 밝습니다."

대원 선사님의 답에 전강 선사님께서는 희색이 만면해서 고개를 끄덕이며 당신 처소로 돌아가셨다.

이에 그치지 않고 전강 선사님께서 대구 동화사 조실로 계실 때, 대원 선사님께 말씀하셨다.

"대중들이 자네를 산으로 불러내어 그 중에 법성(조계종 종정 진제 스님)이 달마불식 도리를 일러보라 했을 때 '드러났다'라고 답했다는데, 만약에 자네가 양무제였다면 '모르오'라고 이르고 있는 달마 대사에게 어떻게 했겠는가?"

"제가 양무제였다면 '성인이라 함도 설 수 없으나 이러-히 짐의 덕화와 함께 어우러짐이 더욱 좋지 않겠습니까?'하며 달마 대사의 손을 잡아 일으켰을 것입니다."

그러자 전강 선사님께서 탄복하며 말씀하셨다.

"어느새 그 경지에 이르렀는가?"

"이르렀다곤들 어찌하며 갖추었다곤들 어찌하며 본래라곤들 어찌하리까? 오직 이러-할 뿐인데 말입니다."

대원 선사님의 대답에 전강 선사님께서 크게 기뻐하셨다.

이와 같이 대원 선사님께서는 20대 초반에 이미 어떤 선지식의 물음에도 전광석화와 같이 답하셨으며 그 법을 씀이 새의 길처럼 흔적 없는 가운데 자유자재하셨다.

깨달음의 방편에 있어서는 육조 대사께서 마주 앉은 자리에서 사람들을 깨닫게 하셨듯이, 제자들을 제접해 직지인심(直指人心)으로 스스로의 마음에 사무쳐 들게 하여 근기에 따라 보림해 갈 수 있도록 이끌어주시니, 꺼져가는 정법의 기치를 바로 일으켜 세움이라 하겠다.

또한 선지식이라면 이변(理邊)에서 뿐만이 아니라 사변(事邊)에서도 먼 안목으로 인류가 무엇을 어떻게 대비하며 살아가야 할지를 예언하고 이끌어 주어야 한다고 하셨다.

그래서 1962년부터 주창하시기를, 전 세계가 21세기를 '사막 경영의 시대'로 삼아 사막화된 지역에 '사막 해수로 사업'을 하여 원하는 지역의 기후를 조절해야 하고, 자원을 소모하는 발전소 대신 파도, 태양열, 풍력 등의 대체 에너지와 무한 원동기를 개발해야 한다고 하셨다. 또, 도로를 발전소화하여 전기를 생산하는 방법 등을 구체적으로 제안하시고, 천재지변을 대비하여 각자의 집에서 농사를 짓는 '울안의 농법'을 연구하시는 등 만인이 더 나은 삶을 살 수 있는 길을 끊임없이 일러 주고 계신다.

  이와 같이 대원 선사님께서는 일체종지를 이룬 지혜로, '참나를 깨달아 마음이 내가 된 삶'을 위한 깨달음의 법으로부터 닥쳐오는 재난을 막고 지구를 가장 살기 좋은 세상으로 만드는 방편까지 늘 그 방향을 제시하고 계신다.

  한편, 불교의 최고 경전인 '화엄경 81권'을 완간하여 불보살님의 불가사의한 화엄세계를 열어 보이셨으며, 선문 최대의 공안집인 '선문염송 30권' 1,463칙에 대하여 석가모니 부처님 이래 최초로 전 공안을 맑은 물 밑바닥 보듯이 회통쳐 출간하셨다.

  이제 대원 선사님께서는 7불과 역대 조사들의 깨달음의 진수가 담긴 '전등록 30권'을 그런 혜안(慧眼)으로 조사마다 선리의 토끼뿔을 더해 닦아 증득할 수 있도록 밝혀 보이셨다. 그리하여 생사윤회길을 헤매는 중생들에게 해탈의 등불이 되고자 하셨으며, 불조(佛祖)의 정법이 후세에까지 끊어지지 않게 하여 부처님 은혜에 보답하고자 하셨다.

  부처님 가신 지 오래 되어 정법은 약하고 삿된 법이 만연한 지금, 중생이 다하는 날까지 중생을 구제하기 서원하는 대원 선사님과 같은 명안종사(明眼宗師)가 계심은 불보살님의 자비광명이 이 땅에 두루한 은덕이라 하겠다.

바로보인 불법 ㊸

전등록 傳燈錄

28

도서출판 문젠(구. 바로보인)은 정맥선원에서 운영하고 있습니다.

* 인제산(人濟山) 성불사(成佛寺) 국제정맥선원
  경기도 포천시 내촌면 소리개길 86-178 ☎ 031-531-8805
* 인제산(人濟山) 이문절 포천정맥선원
  경기도 포천시 내촌면 소리개길 86-123 ☎ 031-531-2433
* 백양산(白楊山) 자모사(慈母寺) 부산정맥선원
  부산시 동래구 아시아드대로 114번길 10 대류코리아나 2층 212호 ☎ 051-503-6460
* 자모산(慈母山) 육조사(六祖寺) 청도정맥선원
  경북 청도군 매전면 동산리 산 50 ☎ 010-4543-2460
* 광암산(光巖山) 성도사(成道寺) 광주정맥선원
  광주광역시 광산구 삼도광암길 34 ☎ 062-944-4088
* 대통산(大通山) 대통사(大通寺) 해남정맥선원
  전남 해남군 화산면 송계길 132-98 중정마을 ☎ 061-536-6366

바로보인 불법 ㊸
전 등 록 28

초판 1쇄 펴낸날 단기 4354년, 불기 3048년, 서기 2021년 12월 30일

역   저 농선 대원 선사
펴 낸 곳 도서출판 문젠(Moonzen Press)
          11192, 경기도 포천시 내촌면 소리개길 86-178
          전화 031-534-3373 팩스 031-533-3387
신고번호 2010.11.24. 제2010-000004호

편집윤문출판 법심 최주희, 법운 정숙경
인디자인 전자출판 지일 박한재
한문원문대조 불장 곽병원
표 지 글 씨 춘성 박선옥
인   쇄 북크림

도서출판문젠 www.moonzenpress.com
정 맥 선 원 www.zenparadise.com
사막화방지국제연대(IUPD) www.iupd.org

ⓒ 문재현, 2021. Printed in Seoul, Republic of Korea
값 15,000원
ISBN 978-89-6870-628-8
ISBN 978-89-6870-600-4 04220(전30권)

 서 문

　전등록은 말 없는 말이며 말 밖의 말이라서 학식이나 재치만으로는 번역이 실로 불가능한 일이다. 그러기에 육조단경(六祖壇經)을 보면 법화경을 삼천 번이나 독송한 법달(法達)은 글 한 자 모르시는 육조(六祖)께 경의 뜻을 물었고, 글을 모르시는 육조께서는 법화경의 바른 뜻을 설파하셔서 법달을 깨닫게 하신 것이다.

　그런데 하루는 본인에게 법을 물으러 다니시던 부산의 목원 하상욱 본연님이 오셔서 시중에 나온 전등록 번역본 두세 가지를 보이시며 범인인 당신에게도 부처님과 조사님들의 본래 뜻에 맞지 않는 대문이 군데군데 눈에 뜨인다며 바른 의역의 필요성을 절감한다고 하셨다. 그 후로 전등록 번역을 바로 해주십사 하는 간청이 지극하여 비록 단문하나 이 일을 시작하게 되었다.

　부처님과 조사님들의 근본 뜻에 어긋남이 없게 하기 위해 노력하였으나 약속한 기간 내에 해내기란 실로 벅찬 일이어서 혹시 미비한 점이 없지 않으니 강호 제현의 좋은 지적이 있기를 바란다.

불법(佛法)이란 본자연(本自然)이라 누가 설(說)하고 누가 듣고 배울 자리요만 그렇지 못한 이가 또한 있어서 부처님과 조사님들의 허물이 생기는 것이다.

어떤 것이 부처인고?
화분의 빨간 장미니라.

이 가운데 남전(南泉) 뜰꽃 도리(道理)며 한산(寒山) 습득(拾得)의 웃음을 누릴진저.

단기(檀紀) 4354년
불기(佛紀) 3048년
서기(西紀) 2021년

무등산인 농선 대원 분향근서
(無等山人 弄禪 大圓 焚香謹書)

양억(楊億)의 경덕전등록 서문

　석가모니께서 일찍이 연등 부처님의 수기를 받아, 현겁(賢劫)의 보처(補處)가 되어 이 땅에 탄강하시고 법을 펴서 교화하시기가 49년이었으니 방편과 진리, 돈오(頓悟)와 점수(漸修)의 문호를 여시고, 헤아릴 수 없이 많은 다양한 교법을 내려 주셨다.
　근기(根機)에 따라 진리를 깨닫게 하신 데서 삼승(三乘)의 차별이 생겼으니, 사물에 접하는 대로 중생을 이롭게 하여 한량없는 중생을 제도하셨다. 그 자비는 넓고 컸으며 그 법식(法式)은 두루 갖추어져 있었다.
　쌍림(雙林)에서 열반에 드실 때 가섭(迦葉)에게만 유촉하신 것이 차츰차츰 전하여 달마에 이르러서 비로소 문자를 세우지 않고 마음의 근원을 곧바로 보이게 되었으니, 차례를 밟지 않고 당장에 부처의 경지에 오르게 되어 다섯 잎[1]이 비로소 무성하고 천 개의 등불[2]이 더욱 찬란하여서, 보배 있는 곳에 이른 이는 더욱 많고, 법의 바퀴를 굴린 이도 하나가 아니었다.
　부처님께서 부촉하신 종지와 정법안장(正法眼藏)이 유통되는 도리는 교리 밖에서 따로 행해지는 불가사의(不可思議)한 것이다.
　태조(太祖)께서 거룩하신 무력으로 전란을 진압하신 뒤에 사찰을 숭상하여 제도의 문을 활짝 여셨고, 태종(太宗)께서 밝으신 변재로 비밀한 법을 찬술하시어 참된 이치를 높이셨으며, 황상(皇上)[3]께서 높으신 학덕으로 조사의 뜻을 이어 거룩한 가르침에 머릿말을 쓰셔 종풍(宗風)을 잇게 하시니, 구름 같은 문장이 진리의 하늘에 빛나고, 부처의 황금같은 설법

---

1) 다섯 잎 : 중국 선종의 2조 혜가로부터 6조 혜능에 이르는 다섯 조사를 말한다.
2) 천 개의 등불 : 중국에 선법(禪法)이 전해진 이후 등장한 수많은 견성도인들을 말한다.
3) 황상(皇上) : 송의 진종(眞宗)을 말한다.

이 깨달음의 동산에 펼쳐졌다.

대장경의 말씀에 비밀히 계합하고, 인도로부터의 법맥이 번창하니, 뭇 선행을 늘리는 이가 더욱 많아졌고, 요의(了義)[4]를 전하는 사람들이 간간이 나타나서 원돈(圓頓)의 교화가 이 지역에 퍼졌다.

이에 동오(東吳)의 승려인 도원(道原)이 선열(禪悅)의 경지에 마음을 모으고, 불법의 진리를 샅샅이 찾으며, 여러 세대의 조사 법맥을 찾고, 제방의 어록(語錄)을 모아 그 근원과 법맥에 차례를 달고, 말씀들을 차례차례 엮되, 과거 7불로부터 대법안(大法眼)의 문도에 이르기까지 무릇 52세대, 1,701인을 수록하여 30권으로 만들어 경덕전등록이라 하여 대궐로 가지고 와서 유포해 주기를 청하였다.

황상께서는 불법을 밖으로부터 보호하고자 하시고, 승려들의 부지런함을 가상히 여겨 마음가짐을 신중히 하고 생각을 원대히 하여 좌사간(左司諫) 지제고(知制誥) 양억(楊億)과 병부원외랑(兵部員外郎) 지제고(知制誥) 이유(李維)와 태상승(太常丞) 왕서(王曙) 등을 불러 교정케 하시니, 신(臣) 등은 우매하여 삼학(三學)[5]의 근본 뜻을 모르고 5성(五性)[6]의 방편에 어두우며, 훌륭한 번역 솜씨도 없고, 비야리 성에서 보인 유마 거사의 묵연(黙然) 도리[7]에도 둔하건만 공손히 지엄하신 하명(下命)을 받들어 감히 끝내 사양하지 못하였다.

그 저술된 내용을 두루 살펴보면 대체로 진공(眞空)[8]으로써 근본을 삼고 있고, 옛 성인께서 도에 들던 인연을 서술할 때나 옛 사람이 진리를 깨달은 이야기를 표현할 때엔 근기와 인연의 계합함이 마치 활쏘기와 칼쓰

---

4) 요의(了義) : 일을 다 마친 도리. 깨달아서 깨달음마저 두지 않는 경지를 말한다.
5) 삼학(三學) : 계(戒), 정(定), 혜(慧).
6) 5성(五性) : 법상종의 용어. 일체중생의 근기를 다섯 성품으로 나누어서 성불할 근기와 성불하지 못할 근기로 나누었다.
7) 유마 거사의 묵연 도리 : 유마 거사가 비야리성에서 그를 문병하러 온 문수보살과 법담을 할 때 잠자코 말이 없음으로 불이(不二)의 도리를 드러내 보인 일을 말한다.
8) 진공(眞空) : 색(色)이니 공(空)이니를 초월해서 누리는 경지.

기가 알맞는 것 같아 지혜가 갖추어진 데서 광명을 내어, 채찍 그림자만 보고도 달리는 말과 같은 상근기자(上根機者)들에게 널리 도움이 되고 있다.

후학(後學)들을 인도함에는 현묘한 진리를 드날리고 있고, 다른 이야기를 가져올 때에는 출처를 밝히고 있으며, 다듬어지지 않은 부분도 많으나 훌륭한 부분도 찾아볼 수 있었다. 모든 대사들이 대중에게 도리를 보일 때에 한결같은 소리로 펼쳐 보이고 있으니 영특한 이가 귀를 기울여 듣는다면 무수한 성인들이 증명한다 할 것이다. 개괄해서 들추어도 그것이 바탕이어서 한군데만 취해도 그대로가 옳다.

만일 별달리 더 붓을 댄다면 그 돌아갈 뜻을 잃을 것이다. 중국과 인도에서의 말이 이미 다르지 않은데 자칫하면 구슬에다 무늬를 새기려다 보배에 흠집을 낼 우려가 있기에, 이런 종류는 모두 그대로 두었다. 더욱이 일은 실제로 행한 것만을 취해 기록하여 틀림없이 잘 서술했으나 말이란 오래도록 남아 전해지는 까닭에 전혀 문장을 다듬지 않을 수는 없었다.

어떤 사연을 기록할 때엔 그 자취를 자세히 하였고 말이 복잡해지거나 이야기가 저속한 것이 있으면 모두 삭제하되 문맥이 통하게 하였다.

유교(儒敎)의 대신이나 거사(居士)의 문답에 이르러 벼슬자리와 성씨가 드러난 이는 연대와 역사에 비추어 잘못을 밝히고, 사적(史籍)에 따라 틀린 점을 바로잡아 믿을 만한 전기가 되게 하였다.

만일 바늘을 던져 맞추듯 한 치의 어긋남 없이 도리를 밝히는 일이 아니거나, 번갯불이 치듯 빠른 기틀을 내보이는 일이 아니거나, 묘하게 밝은 참 마음을 보이는 일이 아니거나, 고(苦)와 공(空)의 깊은 이치를 조사(祖師)의 뜻 그대로 기술(記述)하는 일이 아니라면, 어떻게 등불을 전한다는 전등(傳燈)이라는 비유에 계합(契合)하는 그 극진한 공덕을 베풀 수 있었겠는가?

만일 감응(感應)한 징조만을 서술하거나 참문하고 행각한 자취만을 기록한다 할 것 같으면 이는 이미 승사(僧史)에 밝혀져 있는 것이니, 어째서 선가(禪家)의 말씀을 굳이 취하겠는가? 세대와 계보의 명칭을 남긴 것만이 아니라 스승과 제자가 이어지는 근거를 널리 기록하였다.

그러나 옛날 책에 실린 것을 보면 잘 다듬어지지 않은 내용을 수록하고 잘 다듬어진 것은 버린 일이 있는데, 다른 기록에 남아 있으면 해당하는 문장을 찾아 보완하고, 더욱 널리 찾아서 덧붙이기도 하였다. 또한 서문과 논설에 이르러 혹 옛 조사(祖師)의 문장이 아닌 것이 사이사이 섞이어 공연히 군소리가 되었으면 모두 간추려서 다 깎아버렸으니, 이같이 하여 1년 만에 일이 끝났다.

저희 신(臣)들은 성품과 식견이 우둔하고, 학문이 넓지 못하고, 기틀이 본래 얕고, 문장력은 부족하여 묘한 도리가 사람에게 달렸다고는 하나 마음에서 떠난 지 오래되고 깊은 진리를 나타내는 말이 세속에서 단절되어, 담벽을 마주한 듯 갑갑하게 지낸 적이 많았다. 과분하게도 추천해 주시는 은혜를 받았으나 아무 힘도 발휘하지 못했다. 편찬하는 일이 이미 끝났으므로 이를 임금님께 바친다. 그러나 임금님의 뜻에 맞지 않아, 임금님께서 거룩히 살펴보시는 데에 공연히 누만 끼치는 것이 아닌가 한다. 삼가 바친다.

　　　　　　　　　　　　한림학사조산대부행좌사간지제고동
　　　　　　　　　　　　수국사판사관사주국남양군개국후식읍
　　　　　　　　　　　　1천백호사자금어대신 양억 지음

景德傳燈錄序 昔釋迦文。以受然燈之夙記當賢劫之次補。降神演化四十九年。開權實頓漸之門。垂半滿偏圓之教。隨機悟理。爰有三乘之差。接物利生。乃度無邊之眾。其悲濟廣大矣。其軌式備具矣。而雙林入滅。獨顧於飲光。屈眴相傳。首從於達磨。不立文字直指心源。不踐楷梯徑登佛地。逮五葉而始盛。分千燈而益繁。達寶所者蓋多。轉法輪者非一。蓋大雄付囑之旨。正眼流通之道。教外別行不可思議者也。

聖宋啟運人靈幽贊。太祖以神武戡亂。而崇淨刹。闢度門。太宗以欽明禦辯。而述祕詮。暢真諦。皇上睿文繼志而序聖教繹宗風。煥雲章於義天。振金聲於覺苑。蓮藏之言密契。竺乾之緒克昌。殖眾善者滋多。傳了義者間出。圓頓之化流於區域。有東吳僧道原者。冥心禪悅。索隱空宗。披弈世之祖圖。采諸方之語錄。次序其源派。錯綜其辭句。由七佛以至大法眼之嗣。凡五十二世。一千七百一人。成三十卷。目之曰景德傳燈錄。詣闕奉進冀於流布。

皇上爲佛法之外護。嘉釋子之勤業。載懷重慎。思致悠久。乃詔翰林學士左司諫知制誥臣楊億。兵部員外郎知制誥臣李維。太常丞臣王曙等。同加刊削。俾之裁定。臣等昧三學之旨迷五性之方。乏臨川翻譯之能。懵毘邪語默之要。恭承嚴命。不敢牢讓。竊用探索匪遑寧居。考其論譔之意。蓋以真空爲本。將以述曩聖入道之因。標昔人契理之說。機緣交激。若拄於箭鋒。智藏發光。旁資於鞭影。

誘道後學。敷暢玄猷。而捃摭之來。徵引所出。糟粕多在。油素可尋。其有大士。示徒。以一音而開演。含靈聳聽。乃千聖之證明。屬概舉之是資。取少分而斯可。若乃別加潤色失其指歸。既非華竺之殊言。頗近錯雕之傷寶。如此之類仍其舊。況又事資紀實。必由於善敘。言以行遠。非可以無文。其有標錄事緣。纔詳軌跡。或辭條之紛糾。或言筌之猥俗。並從刊削。俾之綸貫。

至有儒臣居士之問答。爵位姓氏之著明。校歲歷以愆殊。約史籍而差謬。鹹用刪去。以資傳信。自非啟投針之玄趣。馳激電之迅機。開示妙明之真心。祖述苦空之深理。即何以契傳燈之喻。施刮膜之功。若乃但述感應之徵符。專敘參遊之轍跡。此已標於僧史。亦奚取於禪詮。聊存世系之名。庶紀師承之自然而叢錄所載。或掇粗而遺精。別集具存。當尋文而補闕。率加采擷。爰從附益。逮於序論之作。或非古德之文。間廁編聯徒增楦釀（楦釀二字出唐張燕公文集。謂冗長也）亦用簡別多所屏去。汔茲周歲方遂終篇。臣等性識媿於冥煩。學問慚於涉獵。天機素淺。文力無餘。妙道在人。雖刳心而斯久。玄言絕俗。固牆面以居多。濫膺推擇之私。靡著發揮之效。已克終於紃繹。將仰奉於清間。莫副宸襟空塵睿覽。謹上。

翰林學士朝散大夫行左司諫知制誥同
修國史判史館事柱國南陽郡開國侯食邑
一千百戶賜紫金魚袋臣楊億 撰

승려 희위(希渭)의 경덕전등록 재발간사

호주로(湖州路) 도량산(道場山) 호성만세선사(護聖萬歲禪寺)의 늙은 중 희위(希渭)는 본관이 경원로(慶元路) 창국주(昌國州)이며 성은 동(董)씨다.

어릴 때부터 고향의 성에 있는 관음선사(觀音禪寺)에 가서 절조(絶照) 화상을 스승으로 삼았고, 법명(法名)을 받게 되어 자계현(慈溪縣) 개수(開壽)의 보광선사(普光禪寺)에 가서 용원(龍源) 화상에 의해 머리를 깎고 중이 되었다.

그대로 오대율사(五臺律寺)로 가서 설애(雪涯) 화상에게 구족계를 받은 뒤에 짐을 꾸려 서쪽으로 향해 행각을 떠나 수행을 하다가 나중에 다시 은사이신 용원 화상을 만나 이 산으로 옮겨 왔다.

스승을 따라 배움에 참여하고 이로움을 구한 지 벌써 여러 해가 되었다. 항상 스승의 은혜를 생각하면서도 갚을 기회가 없었다. 그런데 삼가 윗대로부터의 부처와 조사들을 수록한 경덕전등록 30권을 보니 7불로부터 법안(法眼)의 법사(法嗣)에 이르기까지 전부 52세대(世代)인데, 경덕(景德)에서 연우(延祐) 병진년에 이르기까지 317년이나 지나서 옛 판본이 다 썩어버려 남아있지 않기 때문에 후학들이 보고 싶어도 볼 수가 없었다. 이에 발심하여 다시 간행한다.

홀연히 내 고향에 있는 천성선사(天聖禪寺)의 송려(松廬) 화상이 소장하고 있던, 여산(廬山)의 은암(隱庵)에서 찍은 옛 책이 가장 보존이 잘 된 상태로 입수되었는데, 아주 내 마음에 들었다. 마침내 병진(丙辰)년 정월 10일에 의발 등속을 모두 팔아 1만 2천여 냥을 얻었다. 그날 당장에 공인(工人)에게 간행할 것을 명하여 조사의 도리가 세상에 유포되게 하였다. 이 책은 모두 36만 7천 9백 17자이다. 그해 음력 12월 1일에야 공인의 작업이 끝났다.

당장에 300부를 인쇄하여 전당강(錢塘江) 남북지역과 안중(安衆)지역[9]의 여러 명산(名山)의 방장(方丈)[10]과 몽당(蒙堂)[11]과 여러 요사(寮舍)[12]에 한 부씩을 비치케 하여 온 세상의 도를 분변(分辨)하는 참선납자(參禪衲子)들이 참구하기에 편하도록 하였다. 이를 잘 이용하여 사은(四恩)[13]을 갚고 아울러 삼유(三有)의 중생[14]에게도 도움이 되기 바란다.

대원(大元) 연우(延祐) 3년[15] 음력 12월 1일
늙은 중 희위(希渭)가 삼가 쓰고
젊은 비구 문아(文雅)가 간행을 감독하고
주지 비구 사순(士洵)이 간행하다.

---

9) 두 지역은 희위 스님의 고향인 호주(湖州)와 비교적 인접한 지역들이다.
10) 방장(方丈) : 절의 주지가 거처하는 방. 지금은 견성한 이가 아니더라도 주지를 맡고 있으나 그 당시에는 견성한 도인이라야 그 절의 주지를 맡았다. 따라서 방장에는 대체로 법이 높은 스님이 기거하는 경우가 대부분이었다.
11) 몽당(蒙堂) : 승사(僧寺)의 일에서 물러난 사람이 거처하는 방.
12) 요사(寮舍) : 절에서 대중이 숙식하는 방.
13) 사은(四恩) : 보시(布施), 자애(慈愛), 화도(化導), 공환(共歡)의 네가지 시은(施恩), 또는 부모(父母), 중생(衆生), 국왕(國王), 삼보(三寶)의 네가지 지은(知恩).
14) 삼유(三有)의 중생 : 욕계(慾界), 색계(色界), 무색계(無色界)의 삼계(三界)를 유전하는 미혹한 중생.
15) 서기 1316년.

차 례

서 문 35
양억(楊億)의 경덕전등록 서문 37
승려 희위(希渭)의 경덕전등록 재발간사 42
일러두기 46

여러 곳의 선사들이 남긴 긴 법어 47

남양(南陽) 혜충(慧忠) 국사 법어 49
낙경(洛京) 하택(荷澤) 신회(神會) 대사 법어 73
강서(江西) 대적(大寂) 도일(道一) 선사 법어 81
예주(澧州) 약산(藥山) 유엄(惟儼) 화상 법어 88
월주(越州) 대주(大珠) 혜해(慧海) 화상 법어 93
분주(汾州) 대달(大達) 무업(無業) 국사 법어 142
지주(池州) 남전(南泉) 보원(普願) 화상 법어 152

조주(趙州) 종심(從諗) 화상 법어 170
진주(鎭州) 임제(臨濟) 의현(義玄) 화상 법어 174
현사(玄沙) 종일(宗一) 사비(師備) 대사 법어 179
장주(漳州) 나한(羅漢) 계침(桂琛) 화상 법어 186
대법안(大法眼) 문익(文益) 선사 법어 196

색인표 211

부록1 농선 대원 선사님 인가 내력 221
부록2 농선 대원 선사님 법어 229
부록3 21세기에 인류가 해야 할 일 255
부록4 가슴으로 부르는 불심의 노래 259

일러두기

1. 대만에서 펴낸 『경덕전등록(景德傳燈錄)』(宋釋道原 編, 新文豐出版公司, 民國 75년, 1986년)에 의거해서 번역했으며 누락된 부분 없이 완역하였다.
2. 농선 대원 선사가 각 선사장마다 선리의 토끼뿔을 더하여 닦아 증득하는 데 도움이 되도록 하였다.
3. 뜻이 통하지 않는데도 오자가 아닐 때는 옛 한문 사전에서 그 조사 당시에 그 글자가 어떻게 쓰였는가를 찾아 번역하였다. 예를 들어 '還'자가 돌아올 '환'으로가 아니라 영위할 '영'으로 쓰여 뜻이 통한 경우에는 '영위하다' '누리다'로 의역하였다.
4. 선사들의 생몰연대는 여러 기록된 내용이 일치하지 않거나 미상으로 되어 있는 바가 많아, 각 선사 당시의 나라와 왕의 연대, 불교의 상황 등을 역사학자들이 전문적으로 연구하여 밝혀야 할 부분이 있기에, 이 책에서는 여러 자료와 연구 결과가 일치된 내용만을 주에서 표기하였다.
5. 첨가한 주의 내용은 불교에 대한 지식이 없는 이들도 선문답을 참구해 가는데 도움이 되도록 간략하게 달았으며, 주의 내용에 따라서는 사전적인 뜻보다는 선리(禪理)로서 그 뜻을 밝혀 마음에 비추어 참구할 수 있도록 하였다.

여러 곳의 선사들이 남긴 긴 법어

남양(南陽) 혜충(慧忠) 국사 법어

혜충 국사가 어떤 선객에게 물었다.
"어디서 오는가?"
선객이 대답하였다.
"남방에서 왔습니다."
"남방에는 어떤 선지식이 있는가?"
"선지식이 퍽 많습니다."
"어떻게 사람들에게 보이던가?"
"그곳의 선지식들은 바로 학인들에게 보이시기를 '마음이 곧 부처요, 부처는 깨닫는다는 뜻이다. 그대들은 모두가 보고 듣고 지각하고 아는 성품을 갖추었는데, 이 성품이 눈썹을 치켜 올리고 눈을 깜박이며, 가고 오고 운영함에 저 몸 가운데 두루하여 머리를 만지면 머리임을 알고, 다리를 만지면 다리임을 안다. 그러므로 정변지(正遍知)[1]라 한다.

南陽慧忠國師。問禪客。從何方來。對曰。南方來。師曰。南方有何知識。曰知識頗多。師曰。如何示人。曰彼方知識直下示學人。即心是佛佛是覺義。汝今悉具見聞覺知之性。此性善能揚眉瞬目去來運用遍於身中。捏頭頭知捏脚脚知。故名正遍知。

---

1) 정변지(正遍知) : 바로 깨달아 두루 아는 지혜.

이것을 떠나서는 따로 부처가 없다. 이 몸에는 생멸이 있지만 심성(心性)은 비롯함 없는 예로부터 일찍이 생멸한 적이 없다. 몸이 생멸하는 것은 용이 뼈를 바꾼 것과 같고, 뱀이 껍질을 벗은 것과 같으며, 사람이 헌 집을 나서는 것과 같다. 몸은 이렇듯 무상하나 성품은 항상하다.'라고 하셨습니다. 남방에서 말씀하신 것이 대략 이렇습니다."

대사가 말하였다.

"만일 그렇다면 저 선니외도(先尼外道)의 말과 다를 것이 없다. 그들이 말하기를 '나의 이 몸에는 하나의 신령한 성품이 있어, 이 성품이 아프고 가려움을 느낀다. 그러다가 몸이 무너지면 정신이 떠나는데, 마치 집에 불이 나면 주인은 나가는 것과 같아서 집은 무상하고 주인은 항상하다.'라고 하는데, 사실 그렇다면 삿됨과 바름을 가리지 못하는 것이니 어찌 옳다고 하겠는가?

離此之外更無別佛。此身即有生滅。心性無始以來未曾生滅。身生滅者。如龍換骨。如蛇脫皮人出故宅。即身是無常其性常也。南方所說大約如此。師曰。若然者與彼先尼外道無有差別。彼云。我此身中有一神性。此性能知痛癢。身壞之時神則出去。如舍被燒舍主出去。舍即無常。舍主常矣。審如此者。邪正莫辨孰為是乎。

내가 전에 행각을 다닐 때에도 이런 무리를 많이 보았는데, 요새는 더욱 번성하고 있다. 3백, 5백 대중을 모아놓고 눈으로는 하늘을 멍하니 바라보면서 말하기를 '이것이 남방의 종지다.'라고 한다. 또는 『단경(壇經)』을 꺼내다가 이리저리 바꾸고, 누추한 말을 섞어서 성인의 뜻을 깎아내리고 후학들을 어지럽히니, 어찌 가르침의 말이라 하겠는가? 애달픈 일이다. 우리 종지(宗旨)가 상실되었구나.

만일 보고 듣고 지각하고 아는 것으로 불성(佛性)이라 한다면 유마 거사[淨名]께서 '법은 보고 듣고 지각하고 아는 것이 아니다.'라고 하지 않았으리라. 만일 보고 듣고 지각하고 아는 것으로 행한다 하면, 이는 보고 듣고 지각하고 아는 것이지, 법을 구하는 것은 아니다."

승려가 또 물었다.

"법화의 요의(了義)[2]는 부처님의 지견(知見)을 여는 것이라 했는데, 이는 또 어찌하겠습니까?"

대사가 말하였다.

吾比遊方多見此色近尤盛矣。聚却三五百眾。目視雲漢。云是南方宗旨。把他壇經改換。添糅鄙譚削除聖意惑亂後徒。豈成言教。苦哉吾宗喪矣。若以見聞覺知是佛性者。淨名不應云法離見聞覺知。若行見聞覺知是則見聞覺知非求法也。僧又問。法華了義開佛知見此復若為。師曰。

---

2) 요의(了義) : 깨달음의 최고 경지.

"부처님의 지견을 연다 하였을 뿐 보살이니 이승이니도 말하지 않았거늘, 어찌 중생의 어리석은 전도를 부처님의 지견과 같다고 하랴."

승려가 또 물었다.

"어느 것이 부처님의 마음입니까?"

"담벽, 기왓쪽이니라."

이 승려가 말하였다.

"경의 말씀과는 많이 어긋나는군요. 『열반경』에 이르기를 '담벽 따위 무정의 물건과는 다르므로 불성이라 한다.'라고 하였는데, 이제는 그것이 부처님의 마음이라 하시니 마음과 성품은 다릅니까, 다르지 않습니까?"

"미혹하면 다르고, 깨달으면 다르지 않다."

"경에 이르기를 '불성은 항상함이요, 마음은 무상하다.'라고 하였는데, 이제 어째서 다르지 않다 하십니까?"

대사가 말하였다.

"그대는 다만 말에만 의지했고 뜻에는 의지하지 않았다.

他云開佛知見。尚不言菩薩二乘。豈以眾生癡倒便同佛之知見耶。僧又問。阿那箇是佛心。師曰。牆壁瓦礫。是僧曰。與經大相違也。涅槃云。離牆壁無情之物故名佛性。今云是佛心。未審心之與性為別不別。師曰。迷即別悟即不別。曰經云。佛性是常心是無常。今云不別何也。師曰。汝但依語而不依義。

마치 겨울날에는 물이 얼어서 얼음이 되었다가, 더워지면 얼음이 녹아서 물이 되는 것과 같이, 중생이 미혹했을 때에는 성품이 맺혀서 마음이 되었다가, 중생이 깨달았을 때에는 마음이 풀려서 성품이 된다.

만일 무정(無情)이 불성이 없다면 경에 삼계가 마음뿐이라 하지 않았을 것이니, 그대 스스로가 경을 어긴 것이다. 내가 어긴 것이 아니다."

승려가 물었다.

"무정도 심성(心性)이 있어서 설법을 알아듣습니까?"

대사가 말하였다.

"그들이 분명 항상 설법하여 잠시도 쉬지 않는다."

"저는 어째서 듣지 못합니까?"

"그대 스스로가 듣지 못할 뿐이다."

"누가 듣습니까?"

"부처님들이 들으신다."

"중생은 자격이 없겠습니다."

譬如寒月水結為氷。及至暖時氷釋為水。眾生迷時結性成心。眾生悟時釋心成性。若執無情無佛性者。經不應言三界唯心。宛是汝自違經。吾不違也。問無情既有心性還解說法否。師曰。他熾然常說無有間歇。曰某甲為什麼不聞。師曰。汝自不聞。曰誰人得聞。師曰。諸佛得聞。曰眾生應無分耶。

대사가 말하였다.

"나는 중생을 위해 하는 말이요, 성인을 위해서 하는 말은 아니다."

"저는 눈이 멀고 귀가 먹어서 무정의 설법을 듣지 못하겠지만, 스님은 당연히 들으시겠습니다."

대사가 말하였다.

"나도 듣지 못한다."

"스님께서 듣지 못한다면 어찌 무정이 설법하는 줄은 아십니까?"

"나와 같이 듣는다면 모든 부처와 같을 것이지만, 네가 나의 설법을 듣지 못할 뿐이다."

"중생들도 결국은 듣겠습니까?"

"중생이 듣는다면 중생이 아니다."

"무정이 설법한다는 것은 어디에 근거가 있습니까?"

"보지 못했는가?『화엄경』에 이르기를 '국토가 설법하고, 중생이 설법하고, 삼세의 일체가 설법한다.'라고 하였다."

師曰。我爲眾生說不爲聖人說。曰某甲聾瞽不聞無情說法師應合聞。師曰。我亦不聞。曰師旣不聞爭知無情解說。師曰。我若得聞卽齊諸佛。汝卽不聞我所說法。曰眾生畢竟得聞否。師曰。眾生若聞卽非眾生。曰無情說法有何典據。師曰。不見華嚴云。刹說眾生說三世一切說。

"중생은 유정(有情)이 아닙니까? 스님께서는 다만 무정이 불성이 있음을 설한다 말씀하셨는데 유정은 어떠합니까?"

대사가 말하였다.

"무정도 그렇거늘 하물며 유정이겠는가?"

승려가 말하였다.

"만일 그렇다면 앞서 말한 남방 선지식들의 보고 듣고 깨닫고 아는 것이 불성이라 한 말을 외도와 같다고 판정하실 것이 아니라 생각합니다."

"그가 불성이 없다고 한 것은 아니다. 외도인들 어찌 불성이 없겠는가? 다만 소견이 잘못되어 한 법에 대해 두 소견을 일으키기 때문에 틀렸다고 하는 것이다."

승려가 말하였다.

"모두가 불성이 있다지만 유정을 죽이면 업을 맺어 서로 갚게 되나, 정(情)을 잃고 막힌 것에 과보가 있다는 말은 듣지 못했습니다."

衆生是有情乎。曰師但說無情有佛性。有情復若為。師曰。無情尚爾況有情耶。曰若然者前舉南方知識云見聞是佛性。應不合判同外道。師曰。不道他無佛性。外道豈無佛性耶。但緣見錯於一法中而生二見故非也。曰若俱有佛性。且殺有情即結業互酬損害情不聞有報。

대사가 말하였다.

"유정은 정보(正報)[3]이니 나와 내 것을 따지다가 원한을 맺으므로 죄의 과보가 있고, 무정은 의보(依報)[4]이니 원한을 맺는 마음이 없다. 그러므로 과보가 있다고 말하지 않는다."

승려가 말하였다.

"경전 가운데서 오직 유정이 부처가 된다고 했을지언정 무정이 수기를 받았다는 것은 보지 못했는데, 현겁(賢劫)의 천불(千佛) 가운데 어느 부처님이 무정이십니까?"

"마치 황태자가 왕위를 받기 전에는 오직 일신(一身)이나, 왕위를 받은 뒤에는 국토가 온통 왕에게 속하는 것과 같다. 어찌 어떤 국토가 따로 왕위를 받으랴. 이제 다만 유정이 수기를 받아서 부처를 이루면 시방 국토는 온통 비로자나의 몸이다. 어찌 다시 어떤 무정이 있어 수기를 받는다 하겠는가?"

師曰。有情是正報計我我所而懷結恨即有罪報。無情是其依報無結恨心。是以不言有報。曰教中但見有情作佛。不見無情受記。且賢劫千佛孰是無情佛耶。師曰。如皇太子未受位時唯一身爾。受位之後國土盡屬於王。寧有國土別受位乎。今但有情受記作佛之時。十方國土悉是遮那佛身。那得更有無情受記耶。

---

3) 정보(正報) : 지은 업에 따라서 그 몸을 받는 것.
4) 의보(依報) : 몸과 마음이 의지할 나라, 집, 의식 따위를 이르는 말.

승려가 말하였다.

"일체 중생은 모두가 부처님의 몸 위에서 살며, 부처님의 몸을 더럽히고, 부처님의 몸을 구멍을 뚫고 밟으니, 어찌 죄가 없겠습니까?"

"중생 전체가 부처이거늘 누구에게 죄가 되리오."

"경에 이르기를 부처의 몸은 걸림이 없다고 하였는데, 이제 함이 있고 막힘이 있는 물건으로 부처의 몸을 짓는다고 하니, 어찌 성현의 뜻에 어긋나지 않겠습니까?"

대사가 말하였다.

"『대품경(大品經)』[5]에 이르기를 '유위를 떠나서 무위를 말하지 못한다.'라고 하였는데, 그대는 색이 공임을 믿는가?"

승려가 말하였다.

"부처님의 진실하신 말씀을 어찌 믿지 않겠습니까?"

"색이 곧 공이라면 무슨 걸림이 있겠는가?"

曰一切眾生盡居佛身之上。便利穢污佛身。穿鑿踐蹋佛身。豈無罪耶。師曰。眾生全體是佛欲誰為罪。曰經云。佛身無罣礙。今以有為質礙之物而作佛身。豈不乖於聖旨。師曰。大品經云。不可離有為而說無為。汝信色是空否。曰佛之誠言那敢不信。師曰。色既是空寧有罣礙。

---

5) 대품경(大品經) : 대품반야경. 즉 대반야바라밀다경의 준말.

"중생과 부처 성품이 동일한 것이라면 한 부처님의 수행만으로도 온갖 중생들이 당시에 해탈했어야 할 것인데, 이제 그렇지 않으니 같다는 이치가 어디에 있습니까?"

대사가 말하였다.

"그대는 보지 못했는가? 화엄의 육상의(六相義)에 이르기를 '같은 가운데 다름이 있고, 다른 가운데 같음이 있다. 이룸, 무너짐, 전체, 부분도 앞에서 말한 것과 같다.'라고 하였다. 중생이 부처님과 하나처럼 같은 성품이기는 하나 제각기 자신이 닦아서 자신이 깨달아야 방해롭지 않다. 남이 밥을 먹어서 나의 배가 부른 것을 보지 못했다."

승려가 말하였다.

"어떤 선지식이 학인에게 보이기를 '스스로 성품을 알아 무상을 깨달을 때, 껍질을 한쪽에다 벗어던져서 영대(靈臺)[6]의 지혜로운 성품이 가없는 것을 해탈이라 한다.'라고 하였으니, 이는 또 어찌 하겠습니까?"

曰眾生佛性既同。只用一佛修行。一切眾生應時解脫。今既不爾同義安在。師曰。汝不見華嚴六相義云。同中有異異中有同。成壞總別類例皆然。眾生佛雖同一性。不妨各各自修自得。未見他食我飽。曰有知識示學人。但自識性了無常時拋却穀漏子一邊著。靈臺智性逈然而去。名為解脫。此復若為。

---

6) 영대(靈臺) : 신령스러운 곳이라는 뜻으로 본마음을 일컫는다.

대사가 말하였다.

"앞서 이미 말했거니와 역시 소승의 헤아림이니, 이승은 생사를 싫어하고 열반을 좋아한다. 외도도 말하기를 나에게 큰 걱정이 있으니 몸 때문이라고 하며 명제(冥諦)[7]에 나아간다.

수다함의 과위를 얻은 사람은 8만 겁 동안, 그 밖의 세 과위의 사람은 6만겁, 4만겁, 2만겁, 벽지불(辟支佛)은 1만 겁을 선정에 머무르고, 외도도 8만 겁 동안 비비상(非非想) 가운데에 머무르는데, 이승은 겁이 차면 마음을 돌이켜 대승으로 향하지만, 외도는 도리어 윤회에 빠진다."

승려가 말하였다.

"불성은 한 종류입니까, 다릅니까?"

대사가 말하였다.

"한 종류일 수 없다."

"왜 그렇습니까?"

師曰。前已說了。猶是二乘外道之量。二乘厭離生死欣樂涅槃。外道亦云。吾有大患爲吾有身。乃趣乎冥諦。須陀洹人八萬劫。餘三果人六四二萬。辟支佛一萬劫。住於定中。外道亦八萬劫住非非想中。二乘劫滿猶能迴心向大。外道還却輪迴。曰佛性一種爲別。師曰。不得一種。曰何也。

---

7) 명제(冥諦) : 외도의 궁극적인 이상의 경지.

대사가 말하였다.

"혹은 온전히 생멸하지 않기도 하고, 혹은 반은 생멸하고 반은 생멸하지 않기도 하기 때문이다."

승려가 말하였다.

"어째서 그런 해석을 하십니까?"

"나의 이 지방 불성은 전혀 생멸하지 않는데, 그대들의 남방 불성은 반은 생멸하고 반은 생멸하지 않기 때문이다."

"어떻게 구분합니까?"

"여기서는 몸과 마음이 한결같아 마음 이외에 다른 것이 없다고 한다. 그러므로 온전히 생멸하지 않는다. 그러나 그대들의 남방에서는 몸은 무상하고 신령한 성품은 항상하다고 하므로, 반은 생멸하고 반은 생멸하지 않는다고 했던 것이다."

"화상의 색신(色身)이 어찌 법신(法身)과 같이 생멸하지 않을 수 있겠습니까?"

"그대는 어째서 외도에 빠졌는가?"

師曰。或有全不生滅。或半生半滅半不生滅。曰執為此解。師曰。我此間佛性全不生滅。汝南方佛性半生半滅半不生滅。曰如何區別。師曰。此則身心一如心外無餘。所以全不生滅。汝南方身是無常神性是常。所以半生半滅半不生滅。曰和尚色身豈得便同法身不生滅耶。師曰。汝那得入於邪道。

승려가 말하였다.

"제가 언제 삿된 도에 빠졌습니까?"

대사가 말하였다.

"그대는 보지 못했는가? 『금강경』에 이르기를 '색으로 보거나 소리로 구하면 모두가 삿된 도를 행하는 것이다.'라고 하였는데, 그대가 지금 보는 것이 그렇지 않은가?"

"제가 일찍이 대승과 소승의 경전을 보니, 나지 않고 멸하지 않는 중도의 바른 성품을 말씀하신 곳이 있고, 또 여기서 죽고 저기에 태어나 몸은 바뀌나 정신은 멸하지 않는다는 글이 있었는데, 어째서 모두가 외도의 두 소견인 단견(斷見)[8]이나 상견(常見)[9]과 같다 하십니까?"

"그대는 세상을 벗어나는 위없고 바르고 참된 도를 배우는가? 아니면 세간의 생멸하는 단(斷)·상(常)의 두 소견을 배우는가? 그대는 보지 못했는가?

曰學人早晚入邪道。師曰。汝不見金剛經色見聲求皆行邪道。今汝所見不其然乎。曰某甲曾讀大小乘教。亦見有說。不生不滅中道正性之處。亦見有說。此陰滅彼陰生身有代謝而神性不滅之文。那得盡撥同外道斷常二見。師曰。汝學出世無上正真之道。為學世間生死斷常二見耶。汝不見。

---

8) 단견(斷見) : 세간(世間)과 자아(自我)는 사후(死後)에 모두 소멸한다는 견해.
9) 상견(常見) : 세간(世間)과 자아(自我)는 죽어도 사라지지 않고 상주한다는 견해.

조공(肇公)이 말하기를 '진(眞)을 말하면 속(俗)을 거슬리고, 속을 따르면 진을 어긴다. 진을 어긴 까닭에 성품을 미혹하여 돌이키지 못하고, 속을 거슬린 까닭에 말이 담담해서 무미하다. 중용을 체득한 사람에게는 삶과 죽음이 같고, 범부는 손바닥으로 쥐고도 쥐고 있는 그 마음을 돌이켜 볼 줄 모른다.'라고 하였는데, 그대는 지금 범부를 따르기 위해 대도(大道)를 비웃는가?"

승려가 말하였다.

"지금 스님께서도 마음이 부처라 하시고 남방의 선지식도 그렇게 말하는데, 어디에 차이가 있습니까? 스님은 혼자만 옳고 남은 그르다고 하시지 마십시오."

대사가 말하였다.

"이름을 달리해도 체득함이 같기도 하고, 이름을 같이 해도 체득함이 다르기도 하니, 이 까닭에 혼란이 생긴다. 예컨대 보리, 열반, 진여, 불성 따위 이름을 달리 해도 체득함은 같기도 하고, 진심(眞心), 망심(妄心), 불지(佛智), 세지(世智) 따위의 이름을 같이 해도 체득함은 다르기도 하다.

肇公云。譚真則逆俗。順俗則違真。違真故迷性而莫返。逆俗故言淡而無味。中流之人如存若亡。下士拊掌而不顧。汝今欲學下士笑於大道乎。曰師亦言即心是佛。南方知識亦爾。那有異同師不應自是而非他。師曰。或名異體同。或名同體異。因茲濫矣。只如菩提涅槃真如佛性名異體同。真心妄心佛智世智名同體異。

남방에서는 망심을 진심으로 삼아 도적을 아들로 여기기도 하고, 세간의 지혜를 부처님의 지혜로 여기니, 오히려 고기 눈으로 밝은 구슬을 어지럽히는 것이 우레와 같다고 하지 않을 수 있겠는가? 일에 있어서는 모름지기 살펴서 구별할 줄 알아야 된다."

승려가 말하였다.

"어찌하여야 이런 허물을 여의겠습니까?"

대사가 말하였다.

"그대는 오직 음(陰)·입(入)·계(界)·처(處)[10]를 자세히 관조하여 낱낱이 궁구하고 궁구하라. 털끝만큼이라도 얻을 것이 있겠는가?"

"자세히 관조하건대 한 물건도 얻을 수 없습니다."

"그대는 몸과 마음의 형상이 무너진다 하겠는가?"

"몸이니 마음이니 성품까지도 여의었거늘 어찌 무너질 수가 있겠습니까?"

"몸이라 하지만 마음 이외에 어떤 물건도 없다."

緣南方錯將妄心言是真心。認賊為子。有取世智稱為佛智。猶如魚目而亂明珠。不可雷同事須甄別。曰若為離得此過。師曰。汝但子細反觀陰入界處一一推窮。有纖毫可得否。曰子細觀之不見一物可得。師曰。汝壞身心相耶。曰身心性離有何可壞。師曰。身心外更有物不。

---

10) 음(陰)·입(入)·계(界)·처(處) : 오음(五陰), 육입(六入), 십팔계(十八界). 육처(六處).

"몸이라 하지만 마음밖에 없는데 어찌 물건인들 있겠습니까?"
대사가 말하였다.
"그대는 세간의 형상이 무너지는 것이라 하겠는가?"
승려가 말하였다.
"세간의 형상이란 형상이 없는 것이거늘, 다시 무너진다는 말인들 쓰겠습니까?"
"그렇다면 허물을 여읜 것이니, 선객은 오직 그러한 가르침을 받았을 뿐이다."

상주(常州)의 승려 영각(靈覺)이 물었다.
"발심하여 출가한 것은 본래 부처가 되려는 것인데, 어떻게 마음을 써야 되겠습니까?"
대사가 말하였다.
"쓸 마음이 없어야 부처가 된다."
"쓸 마음이 없다면 누가 부처가 됩니까?"
"무심(無心)은 저절로 되는 것이요, 부처는 무심이다."

曰身心無外寧有物耶。師曰。汝壞世間相耶。曰世間相即無相那用更壞。師曰。若然者即離過矣。禪客唯然受教。常州僧靈覺問曰。發心出家本擬求佛。未審如何用心即得。師曰。無心可用即得成佛。曰無心可用阿誰成佛。師曰。無心自成佛亦無心。

승려가 말하였다.

"부처님께 큰 부사의함이 있는 것은 중생을 제도하시기 위한 것인데, 만일 무심이라면 누가 중생을 제도하겠습니까?"

대사가 말하였다.

"무심이라야 참으로 중생을 제도하는 것이다. 만일 제도할 중생이 있음을 보면 이는 유심(有心)이어서 완연히 생사에 속한다."

"이제 무심이라 하지만 부처님은 세상에 나시어 허다한 교법을 말씀하셨으니, 어찌 공연한 소리를 하셨겠습니까?"

"부처님께서 교법을 말씀하신 것도 역시 무심이다."

"설법이 무심이라면 말씀도 없는 것이겠습니다."

"설법이 곧 무심이요, 무심이 곧 설법이다."

승려가 말하였다.

"설법은 무심이라지만 업을 짓는 것은 유심이 아니겠습니까?"

대사가 말하였다.

"무심이면 업도 없다. 이제 업이 있다면 마음이 생멸하는데 어찌 무심이 되리오."

曰佛有大不可思議為能度眾生。若也無心阿誰度眾生。師曰。無心是真度生。若見有生可度者。即是有心宛然生滅。曰今既無心。能仁出世說許多教迹豈可虛言。師曰。佛說教亦無心。曰說法無心應是無說。師曰。說即無無即說。曰說法無心造業有心否。師曰。無心即無業。今既有業心即生滅何得無心。

승려가 말하였다.

"무심이 곧 부처라면 화상께서는 지금 부처가 되셨습니까?"

대사가 말하였다.

"마음이라는 것도 없는데 누가 부처를 이룬다 하리오. 만일 부처를 이룰 수 있다고 하면 이는 유심이요, 유심이면 유루(有漏)이다. 어떻게 무심이 되겠는가?"

"부처를 이룰 수도 없다면 화상께서는 부처의 작용은 얻으셨습니까?"

"마음이라는 것도 없는데 작용이 어찌 있으리오."

승려가 말하였다.

"망연해서 전혀 없다면 단견(斷見)에 빠진 것이 아닙니까?"

대사가 말하였다.

"본래 소견이란 없는 것인데 누가 단견이라 하겠는가?"

"본래 없다고 하시면 공(空)에 빠지는 것이 아니겠습니까?"

"공도 없는 것인데 빠진다는 말이 어찌 성립되리오."

曰無心即成佛。和尚即今成佛未。師曰。心尚自無誰言成佛。若有佛可成還是有心。有心即有漏何處得無心。曰既無佛可成和尚還得佛用否。師曰。心尚自無用從何有。曰茫然都無莫落斷見否。師曰。本來無見阿誰道斷。曰本來無莫落空否。師曰。空既是無墮從何立。

승려가 말하였다.

"능(能)과 소(所)가 모두 없다면 갑자기 어떤 사람이 칼을 들고 와서 생명을 달라고 할 때에 있다 하겠습니까, 없다 하겠습니까?"

대사가 말하였다.

"없다."

"아픔을 느낍니까?"

"아픔도 없다."

"아픔이 없다면 죽어서 어디에 태어납니까?"

"죽음도 없고, 생(生)도 없고, 도(道)도 없다."

승려가 말하였다.

"이미 물건이라는 것이 없어 자유로움을 얻었다면, 주림과 추위가 닥칠 때에는 어떻게 마음을 씁니까?"

대사가 말하였다.

"주리면 밥을 먹고, 추우면 옷을 입는다."

"주림을 알고 추위를 아니 유심이겠습니다."

"내가 그대에게 묻노니 마음이 있다고 한다면 마음은 어떤 형체인가?"

曰能所俱無。忽有人持刀來取命。爲是有是無。師曰。是無。曰痛否。師曰。痛亦無。曰痛旣無死後生何道。師曰。無死無生亦無道。曰旣得無物自在饑寒所逼若爲用心。師曰。饑卽喫飯寒卽著衣。曰知饑知寒應是有心。師曰。我問汝有心。心作何體段。

승려가 말하였다.

"마음은 형체가 없습니다."

대사가 말하였다.

"그대가 형체 없음을 알았으니 그것이 바로 본래의 무심인데, 어째서 있다 하는가?"

"산에서 범을 만났을 때에 어떻게 마음을 쓰리까?"

"보아도 봄이 없이 하고, 와도 옴이 없이 하라. 그렇게 무심하면 악한 짐승도 해치지 않는다."

"고요히 이러-해서 일이 없어 다만 해탈한 무심을 무슨 물건이라 하겠습니까?"

"금강대사(金剛大士)라 한다."

승려가 말하였다.

"금강대사는 어떤 형체입니까?"

"본래 형체가 없다."

"형체가 없다면 무엇을 금강대사라 합니까?"

"형체 없음을 금강대사라 부른다."

曰心無體段。師曰。汝既知無體段。即是本來無心。何得言有。曰山中逢見虎狼如何用心。師曰。見如不見來如不來。彼即無心惡獸不能加害。曰寂然無事獨脫無心名為何物。師曰。名金剛大士。曰金剛大士有何體段。師曰。本無形段。曰既無形段喚何物作金剛大士。師曰。喚作無形段金剛大士。

승려가 말하였다.
"금강 대사에게는 무슨 공덕이 있습니까?"
대사가 말하였다.
"한 생각에 금강과 상응하면 항하사같이 많은 겁 동안의 생사의 무거운 죄도 소멸되고, 항하사 같은 모든 부처님을 본다. 금강대사의 공덕은 한량이 없어 입으로 다 말할 수 없고, 뜻으로도 다 헤아릴 수 없다. 가령 항하사같이 많은 겁을 두고 설명한다 하여도 다하지 못한다."
"어떤 것이 한 생각에 서로 응하는 것입니까?"
"생각하거나 안다 하는 것을 모두 다하면 서로 응하는 것이니라."
승려가 말하였다.
"생각하거나 안다 하는 것을 모두 다하면 누가 모든 부처를 보겠습니까?"
대사가 말하였다.
"다하면 없고, 없으면 부처니라."
"없으면 없다 할 것이지 어째서 부처라 합니까?"

曰金剛大士有何功德。師曰。一念與金剛相應。能滅殑伽沙劫生死重罪。得見殑伽沙諸佛。其金剛大士功德無量非口所說非意所陳。假使殑伽沙劫住世說亦不可得盡。曰如何是一念相應。師曰。憶智俱忘即是相應。曰憶智俱忘誰見諸佛。師曰。忘即無無即佛。曰無即言無何得喚作佛。

대사가 말하였다.

"없다는 것마저 공하여 부처라는 것도 공하기 때문이다. 그러므로 없음이 곧 부처요, 부처가 곧 없음이다."

승려가 말하였다.

"털끝만큼도 얻은 것이 없다면 무슨 물건이라고 이름합니까?"

"본래 이름도 없다."

"비슷한 것은 있습니까?"

대사가 말하였다.

"비슷한 것도 없다. 그러기에 세상에서는 견줄 이 없이 홀로 거룩한 분이라 한다. 그대가 힘써 이를 의지하여 수행하면 아무도 그대를 파괴할 이가 없다. 그러니 다시 묻지 말고 마음대로 돌아다녀라. 해탈하여 두려움이 없으면 항상 항하사같이 많은 성현들의 보살핌을 받을 것이요, 항상 항하사같이 많은 천룡팔부(天龍八部)의 공경을 받을 것이다. 항하사같이 많은 선신의 옹호를 받아서 영원히 장애와 어려움이 없을 것이니, 어디엔들 소요하지 못하리오."

師曰。無亦空佛亦空故。曰無即佛佛即無。曰既無纖毫可得名為何物。師曰。本無名字。曰還有相似者否。師曰。無相似者世號無比獨尊。汝努力依此修行。無人能破壞者。更不須問。任意遊行。獨脫無畏。常有河沙賢聖之所覆護。所在之處常得河沙天龍八部之所恭敬。河沙善神來護。永無障難。何處不得逍遙。

또 물었다.

"가섭이 부처님 곁에서 법문을 들었는데 들은 것입니까, 듣지 않은 것입니까?"

대사가 말하였다.

"들음 없이 들었다."

"어떤 것이 들음 없이 들은 것입니까?"

"들어도 들음 없는 것이다."

"여래가 설한 것은 들음 없이 듣는다지만 설함이 없어도 들음 없이 듣겠습니까?"

"여래는 설하신 적도 없다."

"어떤 것이 설하신 적도 없이 하신 말씀입니까?"

"천하에 가득하여도 허물이 없는 말이다."

又問。迦葉在佛邊聽為聞不聞。師曰。不聞聞。曰云何不聞聞。師曰。聞不聞。曰如來有說不聞聞無說不聞聞。師曰。如來無說[11]。曰云何無說說。師曰。言滿天下無口過。

---

11) 說이 원, 명나라본에는 說說로 되어 있다.

 토끼뿔

모양 없어 이름도 없어서
무심해선 무심이란 분별없음
이름하여 부처라 한 걸세

어떤 것이 부처의 맘인고?
담벽이며 기와라 함 알고픈가?
죽은 나무 가지도 누설일세

어떤 것이 설함 없는 설함인고?
불 끝은 타고 타서 오른데
계곡물은 흘러서 내려간다

낙경(洛京) 하택(荷澤) 신회(神會) 대사 법어

신회 대사가 대중에게 보이고 말하였다.

"무릇 도를 배우는 사람은 자신의 근원을 깨달아야 한다. 사과(四果)[12]와 삼현(三賢)[13]이 모두 조복 받은 이라 하나, 벽지불(辟支佛)과 나한(羅漢)은 의심을 다 끊지 못했으니, 등각(等覺)과 묘각(妙覺)이라야 분명히 깨달아 마친 이라 하는 것이다.

깨달음에는 깊고 얕음이 있고, 교법에는 돈(頓)과 점(漸)이 있다. 점(漸)은 아승지겁을 지나도 여전히 윤회하고, 돈(頓)은 잠깐 사이에 묘각에 오른다고 하는데, 만약 전생부터의 도의 종자가 없으면 공연히 많은 지식이나 배워서 일체 것을 마음에 두어 사(邪)와 정(正)이 생기게 된다.

洛京荷澤神會大師。洛京荷澤神會大師示眾曰。夫學道者須達自源。四果三賢皆名調伏。辟支羅漢未斷其疑。等妙二覺了達分明。覺有淺深教有頓漸。其漸也歷僧祇劫猶處輪迴。其頓也屈伸臂頃便登妙覺。若宿無道種徒學多知。一切在心邪正由己。

---

12) 사과(四果) : 소승의 네 가지 계위. 수다원, 사다함, 아나함, 아라한.
13) 삼현(三賢) : 성인의 지위에 들어가기 위한 세 가지 방편지위.

한 물건도 생각하지 않을 때가 바로 스스로의 마음이니, 지혜로 알 바도 아니요, 특별히 수행할 것도 없는 것이다. 이에 깨달아 들면 참다운 삼매인 것이다. 법에는 가고 옴이 없고 앞뒤의 시간이 끊겼으니, 그러므로 무념이 최상승이 되는 줄 알라.

밝게 사무치면 맑은 허공과 같아서, 보배 창고를 단박에 활짝 연 마음에는 생멸이 없고 성품에는 변천이 끊겼다. 스스로 깨끗하니 경계와 사려(思慮)가 생기지 않고, 지음이 없으니 반연이 저절로 쉰다.

내가 옛날에 불퇴전법륜(不退轉法輪)을 굴리다가 이제 정(定)과 혜(慧)를 쌍으로 닦으니 마치 손과 주먹 같다. 무념의 본체를 보면 물건을 따라서 나는 것도 아니니, 여래의 항상함을 깨달았는데 다시 무엇이 일어나랴.

허깨비 같은 이 몸이라 하나 원래 참되고 항상한 것이요, 자성은 허공 같아 본래 형상이 없다.

不思一物即是自心。非智所知。更無別行悟入此者。真三摩提法無去來前後際斷。故知無念為最上乘。曠徹清虛頓開寶藏。心非生滅性絕推遷。自淨則境慮不生。無作乃攀緣自息。吾於昔日轉不退輪。今得定慧雙修如拳如手。見無念體不逐物生。了如來常更何所起。今此幻質元是真常。自性如空本來無相。

이런 이치를 깨닫고 나면 무엇을 두려워하고 무엇을 근심하랴. 천지도 그 본체를 변동시킬 수 없다. 마음이 법계에 돌아가면 만상이 하나같이 이러-해서, 온갖 사량을 멀리 여의어 지혜가 법성과 같다.

천 경전과 만 논장(論藏)에서 오직 마음 밝히는 일을 말씀하셨는데, 이미 마음이란 것도 세우지 않는 진리를 체득하면 도무지 얻은 바가 없는 것이다. 여러 학인 대중에게 고하니, 밖을 향해 구하지 말라. 최상승의 법이라면 의당 지음이 없어야 된다. 안녕."

어떤 이가 물었다.
"무념법(無念法)[14]은 유(有)입니까, 무(無)입니까?"
대사가 말하였다.
"있고 없음을 말하지 않는다."
"그럴 때에는 어떠합니까?"

既達此理誰怖誰憂。天地不能變其體。心歸法界萬象一如。遠離思量智同法性。千經萬論只是明心。既不立心即體真理都無所得。告諸學眾無外馳求。若最上乘應當無作。珍重。人問。無念法有無否。師曰。不言有無。曰恁麼時作麼生。

---

14) 무념법(無念法) : 상념(想念) 없는 법. 부처님 경지라야 진정한 무념이다.

대사가 말하였다.

"그런 때라 할 것도 없다. 마치 밝은 거울이 물상을 대하지 않으면 끝내 형상을 볼 수 없듯이, 물건 없음을 보아야 이것이 참답게 보는 것이다."

대사는 『대장경』에서 여섯 군데 의심나는 것이 있어 6조(六祖)에게 물었다.

제1문. 계·정·혜에 대하여 물었다.

"계·정·혜란 무엇입니까? 지켜야 할 계란 무엇이며, 정은 어디서 닦으며, 혜는 무엇을 인해 일어납니까? 소견이 물 흐르듯 통하지 않습니다."

6조가 대답하였다.

"정으로 마음을 안정시키고, 계로써 행을 경계하며, 성품 가운데 항상한 지혜로 비추면 스스로 보고 아는 경지가 깊어진다."

제2문.

師曰。亦無恁麼時。猶如明鏡若不對像終不見像。若見無物乃是眞見。師於大藏經內有六處有疑。問於六祖。第一問戒定慧。曰戒定慧如何。所用戒何物。定從何處修。慧因何處起。所見不通流。六祖答曰。定卽定其心。將戒戒其行。性中常慧照。自見自知深。第二問。

"본래 없다가 이제 있다 하니 어떤 물건이 있으며, 본래 있다가 이제 없다 하니 어떤 물건이 없습니까? 경을 읽어도 있다, 없다하는 뜻을 볼 수 없으니, 흡사 나귀를 타고 다시 나귀를 찾는 것 같습니다."

6조가 대답하였다.

"앞생각의 악업이 본래 없고 뒷생각의 착한 마음이 이제 있어, 생각 생각에 항상 착한 행을 행하면, 오는 세상에는 오래지 않아 인천(人天)도 없어지리라. 그대는 지금 내 말을 듣는데 나에게는 본래가 곧 지금이라는 것마저 없다."

제3문.

"생(生)으로써 멸(滅)을 없애고, 멸로써 생을 멸하는데, 생멸하지 않는 이치에 대하여서는 소견이 벙어리나 소경 같습니다."

6조가 대답하였다.

本無今有有何物。本有今無無何物。誦經不見有無義。真似騎驢更覓驢。答曰。前念惡業本無。後念善生今有。念念常行善行。後代人天不久。汝今正聽吾言。吾即本無今有。第三問。將生滅却滅。將滅滅却生。不了生滅義。所見似聾盲。答曰。

"생으로써 멸을 없애는 것은 사람들로 하여금 성품에 집착치 않게 하기 위함이요, 멸로써 생을 없애는 것은 사람들로 하여금 경계를 여의게 한 것이다. 그러나 두 쪽을 떠나서 스스로가 생멸의 병을 여읜 것만은 못하다."

제4문.

"먼저 돈(頓)[15]하여 나중에 점(漸)[16]한다고 말하기도 하고, 먼저 점(漸)하여 나중에 돈(頓)한다고 말하기도 하는데, 돈과 점을 깨닫지 못한 사람은 마음이 항상 미혹하겠습니다."

6조가 대답하였다.

"법을 들을 때는 돈 가운데의 점이요, 법을 깨달으면 점 가운데의 돈이며, 수행할 때는 돈 가운데의 점[17]이요, 과위를 증득하면 점 가운데의 돈[18]이니, 돈과 점은 서로 떨어질 수 없다. 깨달으면 미혹함이 없다."

將生滅却滅。令人不執性。將滅滅却生。令人心離境。未若離二邊。自除生滅病。第四問。先頓而後漸。先漸而後頓。不悟頓漸人。心裏常迷悶。答曰。聽法頓中漸。悟法漸中頓。修行頓中漸。證果漸中頓。頓漸是常因。悟中不迷悶。

---

15) 돈(頓) : 단박에 깨달음.
16) 점(漸) : 차츰 닦아 나감.
17) 돈 가운데의 점 : 오후보림(悟後保任).
18) 점 가운데의 돈 : 보림을 마침.

제5문.

"먼저가 정(定)이고 나중이 혜(慧)인지, 먼저가 혜이고 나중이 정인지, 정과 혜의 먼저와 나중을 어떻게 생각해야 바르겠습니까?"

6조가 대답하였다.

"항상 청정한 마음을 내면 정 가운데 지혜가 있고, 경계마다 무심하면 혜 가운데 정이 있다. 정과 혜를 균등히 하여 앞뒤가 없게 해서 둘을 함께 닦으면 스스로 마음이 바를 것이다."

제6문.

"부처가 먼저이고 법이 나중인지, 법이 먼저이고 부처가 나중인지, 부처와 법의 근본은 어디서 나왔습니까?"

6조가 대답하였다.

"법을 말할 때에는 부처가 먼저이고 법이 나중이며, 법을 들을 때에는 법이 먼저이고 부처가 나중이며, 불법의 본래 근원을 논하자면 일체 중생의 마음속에서 나왔다."

第五問。先定後慧先慧後定。定慧初後何生為正。答曰。常生清淨心。定中而有慧。於境上無心。慧中而有定。定慧等無先。雙修自心正。第六問。先佛而後法。先法而後佛。佛法本根源。起從何處出。答曰。說即先佛而後法。聽即先法而後佛。若論佛法本根源。一切眾生心裏出。

 토끼뿔

∽ "무념법(無念法)은 유(有)입니까, 무(無)입니까?" 했을 때

대원은 "김씨는 열이면 문씨는 하나니라." 하리라.

∽ "생으로써 멸을 없애고, 멸로써 생을 멸하는데, 생멸하지 않는 이치에 대하여서는 소견이 벙어리나 소경 같습니다." 했을 때

대원은 "문씨는 둘이면 김씨는 스물일세." 하리라.

∽ "부처가 먼저이고 법이 나중인지, 법이 먼저이고 부처가 나중인지, 부처와 법의 근본은 어디서 나왔습니까?" 했을 때

대원은 "해인사 고운의 주장자 나무높이 크고 커서 그 높이 열 길이나 된다 하네" 하리라.

강서(江西) 대적(大寂) 도일(道一) 선사 법어

도일 선사가 대중에게 보이고 말하였다.

"도는 수행이 필요하지 않으니 더럽히지만 말라. 무엇이 더럽히는 것이겠는가? 일어나고 스러지는 마음으로 꾸며 만들고 취하여 향해 가는 모두가 더럽히는 것이다.

만일 그 도를 당장에 알고자 한다면 평상심이 도이다. 평상심이란 조작이 없고, 시비가 없고, 취사가 없고, 단상(斷常)이 없고, 범성(凡聖)이 없다.

경에서 범부의 행도 아니요, 성현의 행도 아닌 것이 보살의 행이라 하였는데, 지금 다니고 멈추고 앉고 눕기도 하면서 기틀로 응하여 사물을 맞이하는 것이 모두 이 도이다.

도는 곧 법계이니 항하사같이 많은 묘한 작용까지도 법계에서 벗어나지 않는다.

江西大寂道一禪師。示眾云。道不用修但莫污染。何為污染。但有生死心造作趣向皆是污染。若欲直會其道平常心是道。謂平常心無造作無是非無取捨無斷常無凡無聖。經云。非凡夫行非賢聖行是菩薩行。只如今行住坐臥應機接物盡是道。道即是法界。乃至河沙妙用不出法界。

만일 그렇지 않으면 어떻게 심지법문(心地法門)이라 하고, 어떻게 무진등(無盡燈)이라 하겠는가?

일체 법이 모두가 마음의 법이요, 온갖 이름이 모두가 마음의 이름이다. 만법은 모두가 마음에서 생겼으니, 마음은 만법의 근본이다.

경에 이르기를 '마음을 알아 근원을 통달했기 때문에 사문이라 한다.'라고 하였는데, 이름이 같고 뜻이 같고 일체 법이 모두 같아서 순일하여 잡됨이 없다.

만약 교리의 문중에서도 깨달아 때에 따라 자재하면, 법계를 건립하려면 온통 법계이며, 진여를 세우려하면 온통 진여이고, 이치(理)를 세우려 하면 일체법이 모두가 이치이며, 사변(事)을 세우려 하면 일체법이 모두가 사변이다. 일천 가지를 들어도 이치와 사변이 다름이 없어서 모두가 묘한 작용일 뿐이니, 다시 다른 이치가 없어서 모두가 마음을 돌이켜 굴린 것일 뿐이다.

若不然者云何言心地法門。云何言無盡燈。一切法皆是心法。一切名皆是心名。萬法皆從心生。心爲萬法之根本。經云。識心達本源故號爲沙門。名等義等一切諸法皆等純一無雜。若於教門中得隨時自在。建立法界盡是法界。若立眞如盡是眞如。若立理一切法盡是理。若立事一切法盡是事。舉一千從理事無別。盡是妙用更無別理。皆由心之迴轉。

비유하건대 달그림자는 여럿이 있으나 참 달은 여럿이 아니요, 물의 발원지는 여럿이 있으나 물의 성품은 여럿이 아니며, 삼라만상은 여럿이 있으나 허공은 여럿이 아니고, 도리를 말함에 여럿이 있으나 걸림 없는 지혜는 여럿이 없는 것과 같다. 이와 같이 갖가지로 건립하나 모두가 온통인 마음에 의한다. 건립하려면 하고 쓸어버리려면 쓸어버리니, 모두가 묘한 작용이기 때문이다.

묘한 작용은 모두가 자기 것이어서 진여를 떠나서 건립한 곳이 없다. 진여로 건립한 것이어서 모두가 자기의 본체이다. 만일 그렇지 않다면 그 밖에 무슨 사람이 있겠는가?

일체 법은 모두가 불법이요, 모든 법은 해탈이니 해탈이란 곧 진여이다. 모든 법은 진여에서 벗어나지 않으니, 다니고 멈추고 앉고 눕는 것이 모두가 부사의한 작용이다. 시절을 기다릴 것이 없다.

譬如月影有若干眞月無若干。諸源水有若干水性無若干。森羅萬象有若干虛空無若干。說道理有若干無礙慧無若干。種種成立皆由一心也。建立亦得。掃蕩亦得。盡是妙用。妙用盡是自家。非離眞而有立處。即眞立處[19]盡是自家體。若不然者更是何人。一切法皆是佛法。諸法即解脫。解脫者即眞如。諸法不出眞如。行住坐臥悉是不思議用不待時節。

---

19) 即眞立處는 원나라본에는 立處即眞으로 되어 있다.

경에 이르기를 '어디에나 부처님이 계신다.'라고 하였는데, 부처님께서는 어질고 지혜가 있으시며, 높은 기틀의 뜻으로 일체 중생의 의혹을 깨뜨려 유와 무의 속박에서 벗어나게 하신다.

범부와 성인의 망정을 다하셨으니, 사람과 법이 모두 함께 공(空)하여 차별 없는 법륜을 굴리시고, 수량을 초월하여 하는 일마다 걸림이 없으시니, 일과 이치에 함께 통달하셨다. 마치 하늘에서 구름이 일어나듯 홀연히 있고 없음을 영위하나 머무는 자취가 없고, 또 물에다 글자를 쓰면 글자가 되는 것 같으나 생긴 것도 없고 없어진 것도 없듯 이렇게 크게 적멸하다.

얽매임 속에 있으면 여래장(如來藏)이라 하고, 얽매임에서 벗어나면 가없는 법신이라 한다. 법신은 다함이 없고 본체는 더하거나 줄어듦이 없으나, 크기도 하고 작기도 하며, 모나기도 하고 둥글기도 하여 물건에 응하여 형상을 나타내기를 물속의 달과 같이 한다.

끊임없이 도도히 활용하되 근본에는 건립함이 없으며, 유위(有爲)가 다함이 없으나 무위(無爲)에도 머무름이 없다.

經云。在在處處則爲有佛。佛是能仁有智慧善機情。能破一切眾生疑網。出離有無等縛。凡聖情盡人法俱空。轉無等輪超於數量。所作無礙事理雙通。如天起雲忽有還無不留礙迹。猶如畫水成文不生不滅。是大寂滅。在纏名如來藏。出纏名大法身。法身無窮體無增減。能大能小能方能圓。應物現形如水中月。滔滔運用不立根栽。不盡有爲不住無爲。

유위는 무위의 작용이요, 무위는 유위의 의지하는 집이니, 의지하는 집에도 머무르지 않으므로 말하기를 허공이 의지하는 곳이 없는 것과 같다고 하였다.

  마음이 생멸한다고 한 뜻이나 마음이 진여(眞如)라고 한 뜻에 있어서, 마음이 진여라고 한 것은 밝은 거울이 만상을 비춤에 비유할 수 있어서, 거울을 마음에 비유하고 만상을 모든 법에 비유한 것과 같다. 마음으로 법을 취하면 바깥 인연에 끌리는 것이니, 이것이 곧 마음이 생멸하는 것이요, 모든 법을 취함이 없으면, 이것이 곧 마음이 진여인 것이다.

  성문은 들음으로 불성을 보고 보살은 지혜의 눈으로 불성을 보는데, 깨달으면 둘이 아니므로 평등한 성품이라 한다. 평등한 성품에는 다른 것이 없으나 작용은 같지 않아서, 미혹함에 있으면 의식이라 하고, 깨달음에 있으면 지혜라 한다. 진리를 따르면 깨달음이요, 사변을 따르면 미혹하게 되는 것이니, 미혹함은 자기의 본 마음을 미혹한 것이요, 깨닫는다 함은 자기의 본 성품을 깨달은 것이다.

  有爲是無爲家用。無爲是有爲家依。不住於依故云如空無所依。心生滅義。心眞如義。心眞如者。譬如明鏡照像。鏡喻於心像喻諸法。若心取法即涉外因緣。即是生滅義。不取諸法即是眞如義。聲聞聞見佛性。菩薩眼見佛性。了達無二名平等性。性無有異用則不同。在迷爲識。在悟爲智。順理爲悟。順事爲迷。迷即迷自家本心。悟即悟自家本性。

한 번 깨달으면 영원히 깨달아서 다시는 미혹하지 않으니, 마치 해가 돋으면 어둠이 있을 수 없는 것 같이 지혜의 해가 돋으면 번뇌의 어둠이 모두 없어진다.

마음이니 경계이니 하는 것을 마치면 망상이 나지 않으니, 망상이 나지 않으면 그것을 무생법인(無生法忍)이라 한다. 본래 있고 지금도 있어서 수도나 좌선에 의하지 않으니, 닦을 것도 앉을 것도 없어 곧 여래의 청정선(淸淨禪)이라 한다.

지금에라도 이 이치의 진정함을 보아서 온갖 업을 짓지 않고 분수를 따라 발우 하나, 옷 한 벌로 생애를 보내면서 앉고 일어섬에 서로 따르면, 계행이 차츰 맑아지고 청정한 업(業)이 쌓이리니, 이렇게만 한다면 어찌 통달하지 못할까 근심하랴. 너무 오래 서 있었구나. 여러분, 안녕."

一悟永悟不復更迷。如日出時不合於冥。智慧日出不與煩惱暗俱。了心及境界。妄想即不生。妄想既不生。即是無生法忍。本有今有不假修道坐禪。不修不坐即是如來清淨禪。如今若見此理真正。不造諸業隨分過生。一衣一鉢坐起相隨。戒行增熏積於淨業。但能如是何慮不通。久立諸人珍重。

 토끼뿔

"마음이니 경계이니 하는 것을 마치면 망상이 나지 않으니, 망상이 나지 않으면 그것을 무생법인(無生法忍)이라 한다."에 대해

어찌해야 마음이니 경계니 않겠는가?

은빛의 비행기는 하늘 스쳐 날아가고
호남행 완행열차 힘겹게 가누나

어찌해야 무생법인 성취해 누리겠는가?

묘향산은 황해도 지리산은 전라도세
이 중에 함 없는 함 일으켜 씀이로세

어떤 것을 평상심이라 하겠는가?

이러-히 일 있으면 일하고
일 없으면 이러-히 잠잔 걸세

예주(澧州) 약산(藥山) 유엄(惟儼) 화상 법어

유엄 화상이 법상에 올라 말하였다.

"조사께서는 오직 잘 보호하라고 가르치셨으니, 탐욕과 성냄이 일어나거든 잘 막아서 촉발되지 않도록 하라. 그대들이 알고자 한다면 마른 나무토막이나 돌처럼 가지와 잎이 없어야 한다. 비록 이렇더라도 스스로 더 살펴야 한다. 언어를 아주 끊어버리라 한 것도 아니다. 내가 이제 그대들을 위해 이런 말을 하는 것은 말없는 도리를 나타내기 위한 것이니, 그것에는 본래 귀나 눈과 모양 따위가 없다."

이때에 어떤 승려가 물었다.

"어째서 육도 윤회의 길이 있습니까?"

대사가 말하였다.

"내가 비록 윤회 속에 있다 하나 본래 물든 적은 없다."

"몸 가운데의 번뇌를 깨닫지 못했을 때 어떠합니까?"

澧州藥山惟儼和尚。上堂曰。祖師只教保護。若貪瞋起來切須防禦。莫教振觸。是你欲知枯木石頭却須檐荷。實無枝葉可得。雖然如此更宜自看不得絕却言語。我今爲汝說這箇語顯無語底。他那箇本來無耳目等貌。時有僧問云。何有六趣。師曰。我此要輪雖在其中元來不染。問不了身中煩惱時如何。

대사가 말하였다.

"번뇌가 어떻게 생겼던가? 나는 그대에게 살펴보라 하고 싶다. 또 대부분 사람들은 다만 종이 위에 기록된 말만을 가지고 경론에 미혹되는데 나는 경과 논을 보지 않았다.

오직 그대들 스스로가 현실에 현혹되어 어지러이 달려서 안정되지 못하는 것이다. 그러므로 문득 생사의 마음이 생겨 한 마디 혹은 반 마디의 경이나 논도 배우지 못하면서, 함부로 보리와 열반은 세상 법에 속한다거나 속하지 않는다고 한다. 만일 이렇게 이해한다면 이것이 곧 생사이니, 이러한 득실(得失)의 속박을 받지 않으면 생사도 없어진다.

그대들에게 율사(律師)[20]가 니살기(尼薩耆)[21]나 돌길라(突吉羅)[22]중의 어느 것이 가장 생사의 근본이 된다고 하던가?

師曰。煩惱作何相狀。我且要你考看。更有一般底只向紙背上記持言語。多被經論惑。我不曾看經論策子。汝只爲迷事走失自家不定。所以便有生死心。未學得一言半句一經一論。便說恁麽菩提涅槃世攝不攝。若如是解即是生死。若不被此得失繫縛。便無生死。汝見律師說什麼。尼薩耆突吉羅最是生死本。

---

20) 율사(律師) : 계율로 닦아가는 승려.
21) 니살기(尼薩耆) : 오편죄(五篇罪)의 하나.
22) 돌길라(突吉羅) : 계율의 죄명으로 몸과 입으로 지은 나쁜 업.

그러나 그렇게 생사를 궁구한다 해도 깨닫지는 못한다. 위로 부처님들과 아래로 개미떼에 이르기까지 모두가 이러한 장단(長短)과 호악(好惡)과 대소(大小)의 차이가 있는데, 그것들은 밖에서 오는 것이 아니다. 어떤 일 없는 사람이 어느 곳에 지옥을 만들어 놓고 그대들을 기다리겠는가?

그대들은 지옥의 길을 알고자 하는가? 지금 가마솥에서 끓이고 볶는 것이다. 아귀의 길을 알고자 하는가? 지금 허다한 거짓으로 남을 믿을 수 없게 하는 것이다. 축생의 길을 알고사 하는가? 지금 인의(仁義)를 모르고 친소(親疎)를 가리지 못하는 것이다. 어찌 털을 뒤집어쓰고, 뿔을 이고, 칼로 베이고, 거꾸로 매달려야만 하겠는가? 인천(人天)을 알고자 하는가? 지금 청정한 위의(威儀)로 병과 발우를 들고 있는 것이다.

보림해서 여러 나쁜 길에 빠지지 않도록 하라. 그러기 위해서는 첫째로 이낱을 버리지 말아야 된다.

雖然恁麼。窮生死且不可得。上至諸佛下至螻蟻。盡有此長短好惡大小不同。若也不從外來。何處有閑漢掘地獄待你。你欲識地獄道。只今鑊湯煎煑者是。欲識餓鬼道。即今多虛少實不令人信者是。欲識畜生道。見今不識仁義不辯親疎者是。豈須披毛戴角斬割倒懸。欲識人天。即今淸淨威儀持甁挈鉢者是。保任免墮諸趣。第一不得棄這箇。

이낱은 쉽사리 얻는 것이 아니다. 모름지기 높고 높은 산마루에 서고, 깊고 깊은 바다 밑으로 다녀야 된다. 이것을 마음에 두고 수행하여 바뀜이 없어야 비로소 조금이라도 상응하게 되리라.

지금 이곳의 사람들은 모두가 일이 많은 이들이다. 둔한 사람을 찾아보려 해도 찾을 수 없다. 책자 속의 말 구절이나 기억해서 자기의 견해라 여기지 말고, 남이 알지 못하는 것을 보아도 경멸하지 말라. 이런 무리는 모두가 천제외도(闡提外道)[23]이다.

이 마음에 바로 적중하지 못했거든 부디 잘 살펴라. 이렇게 말하는 것도 역시 삼계의 변두리에 속하는 일이니, 먹물 옷 밑에서 헛되이 보내지 말라. 이 속에 이르러서 더욱 세밀해야 할 것이니, 이것을 등한히 하지 말라. 꼭 알아 두어라. 안녕."

這箇不是易得。須向高高山頂立深深海底行。此處行不易。方有少相應。如今出頭來。盡是多事人。覓箇癡鈍人不可得。莫只記策子中言語以為自己見知。見他不解者便生輕慢。此輩盡是闡提外道。此心直不中。切須審悉。恁麼道猶是三界邊事。莫在衲衣下空過。到這裏更微細在。莫將謂等閑。須知。珍重。

---

23) 천제외도(闡提外道) : 부처가 될 수 없는 무리.

 토끼뿔

어떻게 하여야 약산 맘에 적중할꼬?

기러기는 팔자로 창공에 날아가고
한강은 도도하게 서울을 질러간다

월주(越州) 대주(大珠) 혜해(慧海) 화상 법어

혜해 화상이 법상에 올라 말하였다.

"여러분은 다행히도 일 없는 것을 좋아하는 사람들이다. 죽도록 업을 지어 칼을 쓰고 지옥에 빠지려 하는 이는 무슨 까닭이겠는가?

날마다 밤늦게까지 분주히 다니면서 자기는 참선을 하고, 도를 알고, 불법을 안다 하는데, 이렇게 하면 더욱 교섭하지 못한다. 다만 빛과 소리를 쫓아 헤맬 뿐이니, 언제 쉴 기회가 있으랴.

내가 강서(江西) 화상〔마조 도일〕께서 말씀하신 '그대들 스스로가 보배를 모두 구족해서 자유롭게 사용하고 있으니 밖에서 구하지 말라'는 말을 듣고, 내가 그로부터 일시에 쉬어 스스로의 보배를 마음대로 사용하게 되었으니 퍽이나 쾌활하다고 할 만하다.

越州大珠慧海和尚。上堂曰。諸人幸自好箇無事人。苦死造作要檐枷落獄作麼。每日至夜奔波道我參禪學道解會佛法。如此轉無交涉也。只是逐聲色走。有何歇時。貧道聞江西和尚道。汝自家寶藏一切具足。使用自在不假外求。我從此一時休去。自己財寶隨身受用。可謂快活。

한 법도 취할 것이 없고, 한 법도 버릴 것이 없으며, 한 법이 생멸하는 형상도 볼 수 없고, 한 법이 오가는 형상도 볼 수 없으나, 시방세계에 두루하여 한 티끌도 자기의 보배 아닌 것이 없다.

다만 자기의 마음을 자세히 관조하기만 하라. 일체삼보(一體三寶)가 항상 나타나리니 의심치 말고 찾지도 말고 구하지도 말라. 마음의 성품은 본래 청정하기 때문이다.

『화엄경』에 이르기를 '온갖 법이 나지도 않고, 온갖 법이 멸하지도 않는다. 만일 이렇게 깨달으면 부처님들이 항상 앞에 나타나신다.'라고 하였고, 또 『정명경(淨名經)』에 이르기를 '몸의 실상을 관하고 부처도 그렇게 관하라.'라고 하였으니, 만일 빛과 소리를 따라 생각을 내지 않고, 형상과 모양을 따라 알음알이를 내지 않으면, 자연히 일없는 사람이 되리라. 오래 서 있지 말라. 안녕."

그날 대중이 많이 모였다가 오래도록 흩어지지 않으니, 대사가 말하였다.

無一法可取。無一法可捨。不見一法生滅相。不見一法去來相。徧十方界無一微塵許不是自家財寶。但自子細觀察自心。一體三寶常自現前無可疑慮。莫尋思莫求覓。心性本來清淨故。華嚴經云。一切法不生一切法不滅。若能如是解諸佛常現前。又淨名經云。觀身實相觀佛亦然。若不隨聲色動念。不逐相貌生解。自然無事去。莫久立珍重。此日大眾普集久而不散。師曰。

"여러분, 어찌하여 여기서 떠나지 않는가? 나는 얼굴이 마주칠 때에 벌써 주었다. 도리어 긍정하여 쉬었는가? 무슨 의심할 일이 있으랴. 마음을 잘못 쓰지 말라. 헛수고만 하리라. 만일 그래도 의문이 나거든 여러분은 마음대로 물어라."

이때에 법연(法淵)이라는 승려가 있다가 물었다.

"무엇이 부처이며, 무엇이 법이며, 무엇이 승입니까? 무엇이 일체삼보(一體三寶)입니까? 가르쳐 주십시오."

대사가 말하였다.

"마음이 부처이니 부처로써 부처를 구하지 말라. 마음이 법이니 법으로써 법을 구하지 말라. 부처와 법이 둘 아니어서 화합함이 승이니, 이것이 온통인 몸의 삼보이다.

경에 이르기를 '마음과 부처와 중생, 세 가지는 차별이 없으니, 몸과 입과 뜻이 청정하면 부처가 세상에 난 것이라 하고, 몸과 입과 뜻이 더러우면 부처가 멸한 것이라 한다.'라고 하였다.

諸人何故在此不去。貧道已對面相呈。還肯休麼。有何事可疑。莫錯用心枉費氣力。若有疑情一任諸人恣意早問。時有僧法淵問曰。云何是佛。云何是法。云何是僧。云何是一體三寶。願師垂示。師曰。心是佛。不用將佛求佛。心是法。不用將法求法。佛法無二和合為僧。即是一體三寶。經云。心佛與眾生是三無差別。身口意清淨名為佛出世。三業不清淨名為佛滅度。

마치 성이 났을 때에는 기쁜 마음이 없고 기쁠 때에는 성내는 마음이 없듯, 오직 한 마음뿐이어서 두 몸이 없으니, 본래의 지혜법은 그러하여 무루(無漏)가 드러난다.

마치 뱀이 용이 될 때에 비늘을 바꾸지 않는 것과 같이, 중생이 부처가 될 때에도 얼굴을 바꾸지 않는다. 성품이 본래 청정하여 닦아서 이룰 것이 없으니, 수행이 있고 증득함이 있다 하면 증상만자(增上慢者)[24]이다.

진공(眞空)은 막힘이 없이 무궁한 것이어서 시작함도 없고 마침도 없으니, 영리한 무리가 이를 단번에 깨달아 차별 없는 차별법을 쓰면, 이것이 곧 아뇩보리(阿耨菩提)다.

마음은 형상이 없으니 이것이 곧 미묘한 색신이요, 형상이 없는 이것이 곧 실상의 법신이요, 성품과 형상의 본체가 공하면 이것이 곧 허공같이 끝없는 몸이요, 만행(萬行)으로 장엄하면 이것이 곧 공덕의 법신이다.

喻如嗔時無喜喜時無嗔。唯是一心實無二體。本智法爾無漏現前。如蛇化爲龍不改其鱗。衆生迴心作佛不改其面。性本淸淨不待修成。有證有修卽同增上慢者。眞空無滯應有無窮無始無終。利根頓悟用無等等。卽是阿耨菩提。心無形相。卽是微妙色身。無相卽是實相法身。性相體空卽是虛空無邊身。萬行莊嚴卽是功德法身。

---

24) 증상만자(增上慢者) : 최상의 교법과 깨달음을 얻지 못하고서 얻었다고 생각하여 거만하게 잘난 체하는 사람.

이 법신이란 것은 모든 것을 교화하는 근원으로 곳을 따라 이름을 세우니, 지혜로운 작용이 다함이 없으므로 무진장(無盡藏)이라 하고, 만 가지 법을 내므로 본법장(本法藏)이라 하며, 온갖 지혜를 갖추었으므로 지혜장(智慧藏)이라 하고, 만법이 여일함으로 돌아가니 여래장(如來藏)이라 한다.

경에 이르기를 '여래라 함은 모든 법이 여여한 이치이다.'라고 하였고, 또 이르기를 '세간의 온갖 생멸하는 법까지도 여여함으로 돌아가지 않는 것이 한 법도 없다.'라고 하였다."

이때에 어떤 사람이 물었다.

"제자는 알지 못하겠습니다. 율사, 법사, 선사 가운데서 어느 것이 더욱 수승합니까? 화상께서 자비로써 가리켜 보여 주십시오."

대사가 말하였다.

"율사(律師)란 계율의 법장을 열어서 부처님의 유풍(遺風)을 전하고, 지키는 것과 범하는 것을 가려서 열고 막을 길을 밝힌다.

此法身者乃是萬化之本。隨處立名。智用無盡名無盡藏。能生萬法名本法藏。具一切智是智慧藏。萬法歸如名如來藏。經云。如來者即諸法如義。又云。世間一切生滅法。無有一法不歸如也。時有人問云。弟子未知律師法師禪師何者最勝。願和尚慈悲指示。師曰。夫律師者。啟毘尼之法藏。傳壽命之遺風。洞持犯而達開遮。

위의를 바로 세워 규칙을 시행하고, 세 차례의 갈마(羯磨)를 거듭하여 네 가지 과위의 첫 인(因)이 되니, 만일 전생부터 공덕을 쌓은 대덕이 아니면 어찌 감히 함부로 담당할 수 있겠는가?

법사(法師)란 사자좌에 걸터앉아 폭포 같은 변재를 쏟고, 중생들에게 현묘한 관문을 열어주며, 반야의 미묘한 문을 열어 삼륜(三輪)이 고루 공한 보시를 하게 하니, 용상대덕이 아니면 어찌 감히 이 일을 감당하랴.

선사(禪師)란 그 근본 요점을 추려서 마음의 근원을 바로 깨달아, 나고 들고 펴고 오므리면서 종횡으로 사물에 응하여 온갖 사변과 이변에 모두 균등하다.

단번에 여래를 보게 하여 생사의 깊은 근원을 뽑아버려, 바로 눈 앞에서 삼매를 얻도록 하니, 편안한 선정이 아니면 여기에 이르러서 모두가 어리둥절해 한다.

기틀에 따라 법을 일러 주는 것이 삼학(三學)이 다르다 하나, 말을 잊어 뜻을 깨달으면 일승(一乘)과 무엇이 다르랴.

秉威儀而行軌範。牒三番羯磨作四果初因。若非宿德白眉焉敢造次。夫法師者。踞獅子之座瀉懸河之辯。對稠人廣眾啟鑿玄關。開般若妙門等三輪空施。若非龍象蹴踏安敢當斯。夫禪師者。攝其樞要直了心源。出沒卷舒縱橫應物。咸均事理頓見如來。拔生死深根獲見前三昧。若不安禪靜慮。到這裏總須茫然。隨機授法三學雖殊。得意忘言一乘何異。

그러므로 경에 이르기를 '시방의 불토(佛土) 안에는 오직 일승(一乘)의 법만이 있고, 이승이나 삼승이라는 것은 없다.'라고 하셨다. 부처님께서는 다만 방편으로 다스리셨을 뿐이니, 모두가 거짓 이름으로 중생들을 이끌어 지도한 것일 뿐이다."

"화상께서는 불교의 뜻을 깊이 통달하여 걸림 없는 변재를 얻으셨군요."

그리고는 다시 물었다.

"유교, 도교, 불교의 같은 점과 다른 점은 무엇입니까?"

대사가 말하였다.

"도량이 큰 사람이 활용하면 같고, 기틀이 작은 이가 집착하면 다르다. 모두가 한 성품 위에서 일어난 작용이건만 기틀의 견해에 따라 차별하여 셋이 되었다.

미혹함과 깨달음은 사람에게 달려 있지, 교법에 같고 다름이 있지 않다."

故經云。十方佛土中唯有一乘法無二亦無三。除佛方便說但以假名字引導於眾生。曰和尚深達佛旨得無礙辯。又問。儒道釋三教同異如何。師曰。大量者用之即同。小機者執之即異。總從一性上起用。機見差別成三。迷悟由人不在教之同異。

유식(唯識)을 강하는 도광(道光)이라는 좌주가 물었다.

"선사께서는 어떤 마음을 써서 도를 닦으십니까?"

대사가 말하였다.

"노승은 무심을 씀으로 닦을 도도 없다."

"이미 무심을 씀으로 닦을 도가 없다면, 어떻게 날마다 대중을 모아 놓고 선을 배우고 도를 닦으라 하십니까?"

"노승에게는 송곳 꽂을 바탕도 없는데 어디에다 대중을 모았다 하며, 노승에게는 혀도 없거늘 언제 사람들에게 권했다 하는가?"

좌주가 말하였다.

"선사께서는 마주 보면서 거짓말을 하십니다."

대사가 말하였다.

"노승은 사람들에게 권장할 혀도 없는데 어떻게 거짓말까지 알아서 하겠는가?"

"저는 선사의 논하는 말씀을 이해하지 못하겠습니다."

"노승 자신도 또한 아는 것이 없다."

講唯識道光座主問曰。禪師用何心修道。師曰。老僧無心可用無道可修。曰既無心可用無道可修。云何每日聚眾勸人學禪修道。師曰。老僧尚無卓錐之地。什麼處聚眾來。老僧無舌何曾勸人來。曰禪師對面妄語。師曰。老僧尚無舌勸人焉解妄語。曰某甲却不會禪師語論也。師曰。老僧自亦不會。

화엄(華嚴)을 강하는 지(志) 좌주가 물었다.

"선사께서는 어찌하여 청청한 대나무는 모두가 법신이요, 휘늘어진 개나리는 반야 아닌 것이 없다는 말씀을 수긍하지 않으십니까?"

대사가 말하였다.

"법신은 형상이 없지만 응당 푸른 대로 형상을 나투기도 하고, 반야는 앎이 없지만 개나리를 대할 때 개나리라고 한다. 응당 개나리와 푸른 대나무에 반야법신이 있는 것은 아니다.

그러므로 경에 이르기를 '부처님의 참 법신은 마치 허공과 같은데, 응당 물건이라 하는 형상을 나투는 것이 마치 물속의 달과 같다.'라고 하였다. 개나리가 반야라면 반야는 무정물과 같을 것이요, 푸른 대나무가 법신이라면 푸른 대나무가 작용을 해야 할 것이다. 좌주여, 알겠는가?"

"그 뜻을 모르겠습니다."

講華嚴志座主問。禪師何故不許青青翠竹盡是法身鬱鬱黃華無非般若。師曰。法身無象應翠竹以成形。般若無知對黃華而顯相。非彼黃華翠竹而有般若法身。故經云。佛真法身猶若虛空。應物現形如水中月。黃華若是般若。般若即同無情。翠竹若是法身。翠竹還能應用。座主會麼。曰不了此意。

대사가 말하였다.

"성품을 본 사람은 옳다 해도 되고, 옳지 않다 하여도 된다. 형편에 따라 말하여 시비에 막히지 않는다. 성품을 보지 못한 사람은 푸른 대나무라 하면 푸른 대나무에 집착되고, 개나리라 하면 개나리에 집착하고, 법신이라 하면 법신에 걸리고, 반야를 말하면서도 반야를 모른다. 그러므로 모두가 논쟁을 일으킨다."

지(志) 좌주가 절을 하고 물러갔다.

어떤 사람이 물었다.

"마음을 가져 수행하면 언제 해탈을 얻겠습니까?"

대사가 말하였다.

"마음을 가져 수행한다 하면 마치 진흙물로 때를 씻는 것 같다. 반야는 현묘하여 본래부터 남이 없어서 큰 작용이 눈앞에 드러났으니 시절을 논하지 않는다."

"범부도 여전히 그럴 수 있습니까?"

師曰。若見性人道是亦得道不是亦得。隨用而說不滯是非。若不見性人說翠竹著翠竹。說黃華著黃華。說法身滯法身。說般若不識般若。所以皆成爭論。志禮謝而去。人問。將心修行幾時得解脫。師曰。將心修行喩如滑泥洗垢。般若玄妙本自無生。大用現前不論時節。曰凡夫亦得如此否。

대사가 말하였다.

"성품을 본 이는 범부가 아니니 최상승을 단박에 깨치면 범부도 성인도 초월한다. 미혹한 사람은 범부니 성인이니 논하지만 깨달은 사람은 생사와 열반을 초월하고, 미혹한 사람은 사변과 이변을 말하지만 깨달은 사람은 큰 작용이 끝이 없으며, 미혹한 사람은 얻음과 증득함을 구하지만 깨달은 사람은 구함도 얻음도 없고, 미혹한 사람은 먼 겁을 기다리지만 깨달은 사람은 단번에 본다."

『유마경』을 강하는 좌주가 물었다.

"경에 이르기를 '저 외도육사가 그대의 스승이니 그로 인하여 출가하여서, 그 스승이 떨어지면 그대도 또한 같이 떨어져야 한다.

그대에게 보시하면 복전이라 이름할 것도 없으니, 그대에게 공양한다 하면 삼악도에 떨어짐이다. 부처를 비방하고, 법을 비방하고, 승가의 대중 속에 드는 것도 없어, 끝내 열반을 얻음도 없을 것이니, 그대가 이와 같이 알아야 밥을 받을 수 있다.'라고 하였는데, 이제 선사께서 밝게 설명해 주십시오."

師曰。見性者卽非凡夫。頓悟上乘超凡越聖。迷人論凡論聖。悟人超越生死涅槃。迷人說事說理。悟人大用無方。迷人求得求證。悟人無得無求。迷人期遠劫。悟人頓見。維摩座主問。經云。彼外道六師等是汝之師。因其出家彼師所墮汝亦隨墮。其施汝者不名福田。供養汝者墮三惡道。謗於佛毀於法不入眾數。終不得滅度。汝若如是乃可取食。今請禪師明爲解說。

대사가 말하였다.

"미혹해서 육근에 끌려 다니는 무리를 육사(六師)라 했고, 마음 밖에서 부처를 구하는 것을 외도라 했다. 보시할 물건이 있으면 복전이라 할 수 없고, 공양을 받아 주었다는 마음을 내면 삼악도에 빠진다. 그대가 부처를 비방한다는 것은 부처에 집착하여 구하지 말라는 것이요, 법을 비방한다는 것은 법에 집착하여 구하지 말라는 것이요, 승가의 수에 들지 못한다는 것은 승려가 되는 것에도 집착하여 구하지 말라는 것이요, 끝내 열반을 얻는 것이 아니라는 것은 지혜의 작용은 현전한 것이라는 것이다.

만일 이와 같이 아는 이가 있다면 그는 곧 법희선열(法喜禪悅)의 밥을 얻은 것이다."

어떤 행자가 물었다.

"어떤 사람이 부처를 물으면 부처라 대답하고, 법을 물으면 법이라 대답하는 것을 일자(一字)법문이라 하는데 옳은지 모르겠습니다."

師曰。迷徇六根者號之為六師。心外求佛名為外道。有物可施不名福田。生心受供墮三惡道。汝若能謗於佛者是不著佛求。毀於法者是不著法求。不入眾數者是不著僧求。終不得滅度者智用現前。若有如是解者。便得法喜禪悅之食。有行者問。有人問佛答佛問法答法。喚作一字法門不知是否。

대사가 말하였다.

"앵무새가 사람의 말은 배워도 자기 말을 못 하는 것은 지혜가 없기 때문이다. 비유하건대 물로써 물을 씻으려는 것 같고, 불로써 불을 태우려는 것 같아서 도무지 아무런 의미가 없다."

어떤 사람이 물었다.

"언(言)과 어(語)가 같습니까, 다릅니까?"

대사가 말하였다.

"하나의 글자는 언(言)이라 하고, 구절을 이루는 것은 어(語)라 한다. 예컨대 영특한 변론이 도도한 것이 큰 강에 흐르는 물 같고, 빼어난 기틀이 첩첩한 것이 둥근 그릇에 구슬을 굴리는 것 같아서, 곽상(郭象)[25]의 폭포와 같은 웅변이라 해도 봄 앵무새의 의해(義海)라 부르니, 이것을 어(語)라 한다.

師曰。如鸚鵡學人語話自語不得。為無智慧故。譬如將水洗水將火燒火都無義趣。人問。言之與語為同為異。師曰。夫一字曰言。成句名語。且如靈辯滔滔譬大川之流水。峻機疊疊如圓器之傾珠。所以郭象號懸河。春鸚稱義海。此是語也。

---

25) 곽상(郭象) : 진나라의 변론가.

언이란 것은 한 글자로 마음을 표시한 것이니, 안으로는 현묘한 데에 있고 밖으로는 묘한 형상을 드러낸다. 만 가지로 기틀을 흔들어도 흔들리지 않고 맑고 흐림에 뒤섞여도 항상 변함없다.

제왕(齊王)도 이에 이르러서는 오히려 대부(大夫)의 말에 부끄러움을 느꼈고, 문수도 이에 이르러서는 유마 거사〔淨名〕의 설한 바에 찬탄하였으니, 요새 범속한 사람들로야 어찌 알 수 있으랴."

원(源) 율사가 물었다.

"선사께서는 항상 마음이 곧 부처라 하시나 옳지 않습니다. 일지(一地) 보살만 되어도 백 불(佛)세계에 몸을 나타내고, 이지(二地)에서는 10배로 늘어난다는데, 선사께서 신통을 나투어 보여 주십시오."

대사가 말하였다.

"그대는 범부인가, 성인인가?"

"범부입니다."

言者一字表心也。內著玄微外現妙相。萬機撓而不亂。清濁渾而常分。齊王到此猶慚大夫之辭。文殊到此尚歎淨名之說。如今常人云何能解。源律師問。禪師常譚即心是佛無有是處。且一地菩薩分身百佛世界。二地增于十倍。禪師試現神通看。師曰。闍梨自己是凡是聖。曰是凡。

대사가 말하였다.

"범부인 승려이면서 어찌 그런 경지를 묻는가? 경에 이르기를 '그대는 마음에 높고 낮다는 것이 있어서 부처님의 지혜에 의존하지를 못하는구나.'라고 하신 것이 바로 그런 것이다."

또 물었다.

"선사께서는 항상 말씀하시기를 도를 깨달으면 현재의 이 몸으로 해탈을 얻는다고 하시나 옳지 않습니다."

"어떤 사람이 평생 동안 착한 일을 했더라도 갑자기 남의 물건을 훔쳐서 손에 넣으면 도적이 아니겠는가?"

"그렇게 여깁니다."

"지금 당장에라도 분명하게 성품을 본다면 어찌 해탈을 얻지 못하랴."

"당장에는 반드시 안 될 것이니 모름지기 세 아승지겁을 지내야 됩니다."

"아승지겁이란 것이 수효가 있는 것인가?"

원 율사가 소리를 지르면서 말하였다.

師曰。既是凡僧能問如是境界。經云。仁者心有高下不依佛慧。此之是也。又問。禪師每云。若悟道現前身便解脫無有是處。師曰。有人一生作善忽然偷物入手。即身是賊否。曰故知是也。師曰。如今了了見性。云何不得解脫。曰如今必不可。須經三大阿僧祇劫始得。師曰。阿僧祇劫還有數否。源抗聲曰。

"도적질 한 것을 가지고 해탈한 무리에 견주려 하니 도리를 통할 수 있겠습니까?"

"그대 스스로가 도를 모르면서 모든 사람이 아는 것을 막지 말고, 스스로의 눈이 트이지 못했으면서 모든 사람들이 사물을 보는 것에 성내지 말라."

원 율사가 얼굴을 붉히고 떠나면서 말하였다.

"늙기만 했을 뿐 도는 전혀 없구나."

대사가 말하였다.

"수행을 버리는 자가 참으로 그대니라."

지관(止觀)을 강하는 혜(慧) 좌주가 물었다.

"선사께서는 마(魔)를 가릴 수 있습니까?"

대사가 말하였다.

"마음을 일으키면 천마요, 마음을 일으키지 않으면 음마요, 일으켰다 안 일으켰다 하면 번뇌마이니, 나의 바른 법에는 그런 것이 없다."

將賊比解脫道理得通否。師曰。闍梨自不解道。不可障一切人解。自眼不開瞋一切人見物。源作色而去。云雖老渾無道。師曰。即行去者是汝道。講止觀慧座主問。禪師辨得魔否。師曰。起心是天魔。不起心是陰魔。或起不起是煩惱魔。我正法中無如是事。

"한 마음으로 세 가지를 관하는 법〔一心三觀〕은 또 어찌 하시겠습니까?"

"과거의 마음은 지나갔고, 미래의 마음은 이르지 않았고, 현재의 마음은 머무는 바 없거늘, 그 사이에서 어떤 마음을 일으켜 무엇을 관한다 하는가?"

"선사께서 지관(止觀)을 모르십니다."

"좌주는 아는가?"

"압니다."

"그러면 지자(智者) 대사께서 말씀하시기를 '지(止)를 말해서 지(止)를 깨트리고, 관(觀)을 말해서 관(觀)을 깨뜨린다 했으나, 지에 머무르면 생사에 빠지고, 관에 머무르면 심신(心神)이 혼란해진다.'라고 하셨으니, 이는 마음을 가지고 마음을 그친 것이라 여기는가? 아니면 마음을 일으키어 관을 관한 것이라 여기는가? 만일 관하는 마음이 있다면 이는 상견(常見)의 법이요, 관하는 마음이 없다면 이는 단견(斷見)의 법이요, 있기도 하고 없기도 하다면 둘을 고집하는 법〔二見法〕이 된다. 좌주는 자세히 설명해 봐라."

曰一心三觀義又如何。師曰。過去心已過去。未來心未至。現在心無住。於其中間更用何心起觀。曰禪師不解止觀。師曰。座主解否。曰解。師曰。如智者大師。說止破止。說觀破觀。住止沒生死。住觀心神亂。且為當將心止心。為復起心觀。觀若有心觀是常見法若無心觀是斷見法。亦有亦無成二見法。請座主子細說看。

"그렇게 물으시면 아무 말도 할 수 없습니다."
"그래서야 어찌 지관(止觀)을 알고 있다고 하겠는가?"

어떤 사람이 물었다.
"반야는 큽니까?"
대사가 말하였다.
"크다."
"얼마나 큽니까?"
"끝이 없다."
"반야는 작기도 합니까?"
"작다."
"얼마나 작습니까?"
"보려고 해도 볼 수 없다."
"어디가 그렇습니까?"
"어디가 그렇지 않던가?"

『유마경』을 강의하던 좌주가 물었다.

曰若如是問俱說不得也。師曰。何曾止觀。人問。般若大否。師曰。大。曰幾許大。師曰。無邊際。曰般若小否。師曰。小。曰幾許小。師曰。看不見。曰何處是。師曰。何處不是。維摩座主問。

"경에 이르기를 여러 보살들이 제각기 불이법문(不二法門)에 들어갈 때에 유마거사는 묵연히 계셨다고 하니, 이것이 구경입니까?"

"구경이라고 하면 성인의 뜻이 아니다. 만일 다했다면 제3권에서 다시 무엇을 설했겠는가?"

좌주가 한참 있다가 말하였다.

"선사께서 구경이라 하면 아니라고 한 뜻을 설하여 주십시오."

대사가 말하였다.

"경의 제1권에서는 대중을 소개하고 10대 제자들이 마음에 머무름을 꾸짖었고, 제2권에서는 보살들이 제각기 불이법문에 든 것을 설하여 말로써 말 없음을 나타내고, 문수는 말없음으로써 말없음을 나타내고, 유마는 말로써도 아니고 말없음으로써도 아닌 묵연으로 앞의 말들을 다 포섭하였다. 그러므로 제3권에서는 묵연으로 일으켜 설하여 거듭하여 신통의 작용을 드러내신 것이다. 좌주여, 알겠는가?"

"이러-히 기묘합니다."

經云。諸菩薩各入不二法門維摩默然是究竟否。師曰。未是究竟聖意。若盡第三卷更說何事。座主良久曰。請禪師為說未究竟之意。師曰。如經第一卷。是引眾呵十大弟子住心。第二諸菩薩各說入不二法門。以言顯於無言。文殊以無言顯於無言。維摩不以言不以無言故默然收前言語故。第三卷從默然起說。又顯神通作用。座主會麼。曰奇怪如是。

대사가 말하였다.

"'이러-히'라고도 말라."

"왜 '이러-히'라고도 말라 하십니까?"

대사가 말하였다.

"또 사람들의 집착된 망정을 깨뜨리기 위하여 이렇게 말했을 뿐이다. 경의 뜻에 의하건대, 다만 물질과 마음이 공적하다고 말하여 본 성품을 보게 하고 거짓행을 떠나서 참된 행에 들게 하신 것뿐이니, 언어와 문자 위에서 이리저리 따지지 말고, 오직 정명(淨名)이란 두 글자를 단박에 깨달아 알면 된다.

정이란 본체요, 명이란 작용이니, 본체에서 작용을 일으키고 작용에서 본체로 돌아간다 하나, 본체와 작용이 둘이 아니요, 근본과 자취가 다르지 않다. 그러므로 옛사람이 말하기를 근본과 자취가 다르다 하나 부사의 해서 하나라고 했다. 그러나 하나라고 하면 하나가 아니다. 만일 정명이란 두 글자가 거짓 지은 이름임을 안다면 새삼스럽게 구경이니 구경이 아니니를 설하겠는가?

師曰。亦未如是。曰何故未是。師曰。且破人執情作如此說。若據經意只說色心空寂令見本性。教捨僞行入眞行。莫向言語紙墨上討意度。但會淨名兩字便得。淨者本體也。名者迹用也。從本體起迹用。從迹用歸本體。體用不二本迹非殊。所以古人道。本迹雖殊不思議一也。一亦非一。若識淨名兩字假號。更說什麽究竟與不究竟。

앞도 없고 뒤도 없으며, 근본도 아니고 끝도 아니며, 정도 아니고 이름도 아니다. 그저 중생의 본 성품이 부사의한 해탈임을 보였을 뿐이다. 만일 성품을 보지 못한 이라면 죽어도 이런 이치를 보지 못한다."

어떤 승려가 물었다.
"만 가지 법은 모두가 공하고 의식의 성품도 그러합니다. 마치 물거품이 한번 흩어지면 다시는 모이지 못하는 것과 같이, 몸이 죽으면 다시 태어나지 못합니다. 이것이 공하여 없어지는 것이니 어디에 다시 의식의 성품이 있겠습니까?"
대사가 말하였다.
"거품은 물로 인하여 있으니 거품이 흩어진다 해서 어찌 물까지 없어지랴. 몸은 성품을 인하여 있거늘 몸이 죽는다고 어찌 성품까지 없어지랴."
"성품이 있다면 내어 보여 주십시오."
"그대는 내일 아침이 있으리라는 것을 믿는가?"

無前無後非本非末非淨非名。只示眾生本性不思議解脫。若不見性人終身不見此理。僧問。萬法盡空識性亦爾。譬如水泡一散更無再合。身死更不再生。即是空無。何處更有識性。師曰。泡因水有。泡散可即無水。身因性起。身死豈言性滅。曰既言有性將出來看。師曰。汝信有明朝否。

"믿습니다."

"그럼 내일 아침을 갖다 보여 다오."

"내일 아침은 분명 있지만 지금은 얻을 수 없습니다."

대사가 말하였다.

"내일 아침을 얻을 수 없다 해서 내일 아침이 없는 것은 아니리라. 그대 스스로가 성품을 보지 못했을지언정 성품이 없다고는 못한다. 그대는 지금 옷을 입고 밥을 먹고 다니고 멈추고 앉고 눕고 마주 대해서도 알지 못하니 참으로 어리석다 하겠다. 그대는 내일 아침이 오늘과 다르지 않음을 보고자 하는가? 성품을 가지고 성품을 찾으니, 만 겁이 지나도 끝내 보지 못하리라. 또 소경이 해를 보지 못한다 해서 해가 없는 것은 아닌 것과 같다."

『청룡소(靑龍疎)』26)를 강의하는 좌주가 물었다.

"경에 이르기를 '법을 설함이 없어야 그것을 설법이라 한다.'라고 하는데, 선사께서는 어떻게 이해하십니까?"

曰信。師曰。試將明朝來看。曰明朝實是有如今不可得。師曰。明朝不可得不是無明朝。汝自不見性不可是無性。今見著衣喫飯行住坐臥對面不識。可謂愚迷。汝欲見明朝與今日不異。將性覓性萬劫終不見。亦如盲人不見日不是無日。講靑龍疏座主問。經云。無法可說是名說法。禪師如何體會。

---

26) 청룡소(靑龍疎) : 금강경 주석서의 하나.

대사가 말하였다.

"반야의 본체가 청정하여 끝내 한 물건도 얻을 수 없는 것이 법 없음이요, 반야의 공적한 본체 안에 항하사같이 많은 작용을 갖추어 모르는 일이 없는 것이 설법이다. 그러므로 법을 설함이 없어야 설법이라 한다고 하신 것이다."

『화엄경』을 강의하는 좌주가 물었다.

"선사께서는 무정(無情)도 부처란 말을 믿습니까?"

대사가 말하였다.

"믿지 않는다. 만일 무정이 부처라면 산 사람이 죽은 사람만 못하고, 죽은 당나귀나 개도 산 사람보다 나을 것이다. 경에 이르기를 '부처의 몸은 법신이니 계·정·혜로 살며, 삼명(三明)과 육통(六通)으로 살며, 온갖 선법으로 산다.'라고 하였는데, 만일 무정이 부처라면 대덕이 지금 당장 죽으면 당연히 부처가 되어야 한다."

師曰。爲般若體畢竟淸淨無有一物可得。是名無法。卽於般若空寂體中具河沙之用。卽無事不知。是名說法。故云。無法可說是名說法。講華嚴座主問。禪師信無情是佛否。師曰。不信。若無情是佛者。活人應不如死人。死驢死狗亦應勝於活人。經云。佛身者卽法身也。從戒定慧生。從三明六通生。從一切善法生。若說無情是佛者。大德如今便死應作佛去。

어떤 법사가 물었다.

"『반야경』을 받아 지니면 가장 공덕이 많다는 말을 스님께서는 믿으십니까?"

대사가 말하였다.

"믿지 않는다."

"그렇다면 『영험전(靈驗傳)』 10여 권이 모두 믿을 수 없는 것이겠습니다."

"산 사람이 효성을 다하면 저절로 감응이 있는 것이지 백골이 감응을 주는 것은 아니다. 경은 문자이니, 종이와 먹의 성품이 공하거늘 어디에 영험이 있으랴. 영험이란 것은 경을 지니는 사람이 마음을 쓰는데 있다. 그러므로 신통과 감응이 있는 것이다.

만일 그렇지 않다면 시험삼아 경 한 권을 책상 위에 놓고 아무도 지니는 이가 없게 하여 봐라. 그래도 영험이 있겠는가?"

有法師問。持般若經最多功德。師還信否。師曰。不信。曰若是[27]靈驗傳十餘卷皆不堪信也。師曰。生人持孝自有感應。非是白骨能有感應。經是文字紙墨性空何處有靈驗。靈驗者在持經人用心。所以神通感物。試將一卷經安著案上。無人受持自能有靈驗否。

---

27) 是가 송, 원나라본에는 爾로 되어 있다.

어떤 승려가 물었다.

"일체 이름〔名相〕과 법상(法相), 그리고 말함과 잠자코 있음 따위를 어떻게 회통하여야 앞뒤가 없게 되겠습니까?"

대사가 말하였다.

"일어날 때라지만 온통인 생각이라 본래부터 이름도 형상도 없었거늘 어찌 앞뒤가 있다고 하는가? 이름과 형상이 본래 깨끗함을 깨닫지 못했음으로 허망하게 앞뒤를 계교하는 것이다.

대체로 이름과 형상의 자물쇠는 지혜의 열쇠가 아니면 열지 못하니, 중도를 말하는 이는 중도에 병든 것이요, 두 갓〔二邊〕을 말하면 두 갓에 병든 것이어서, 현재의 작용이 곧 차등 없는데서 차등한 법신임을 알지 못하는 것이다.

미혹과 깨달음, 얻음과 잃음은 범부의 법일 뿐이니, 스스로가 생멸의 마음을 일으켜 바른 지혜를 묻어버리고, 혹은 번뇌를 끊으려 하고, 혹은 보리를 구하려 하기에 반야바라밀을 저버리게 되는 것이다."

僧問。未審一切名相及法相語之與默。如何通會即得無前後。師曰。一念起時本來無相無名。何得說有前後。不了名相本淨。妄計有前後。夫名相關鎖。非智鑰不能開。中道者病在中道。二邊者病在二邊。不知現用是無等等法身。迷悟得失常人之法。自起生滅埋沒正智。或斷煩惱或求菩提。背却般若波羅蜜。

어떤 사람이 물었다.

"율사는 왜 선(禪)을 믿지 않습니까?"

대사가 말하였다.

"진리는 그윽해서 나투기 어렵지만 이름과 형상은 지니기 쉽다. 그러므로 성품을 보지 못한 사람은 믿지 않는 것이다. 성품을 본 이를 부처라 하는데, 부처를 아는 사람이라야 믿어 들어간다. 부처가 사람을 멀리하는 것이 아니라 사람이 부처를 멀리 하는 것이다.

부처는 마음으로 짓는 것이다. 미혹한 사람은 문자 속에서 찾지만, 깨달은 사람은 마음으로 돌이켰기에 깨달은 것이고, 미혹한 사람은 원인을 닦아 결과를 기다리지만, 깨달은 사람의 마음은 형상 없음을 요달한 것이다.

미혹한 사람은 물건에 집착하는 나를 지켜서 자기로 삼지만, 깨달은 사람은 현전하는 눈앞에 드러난 지혜로써 응하여 쓴다. 어리석은 사람은 공(空)과 유(有)에 집착하여 막힘이 있지만, 지혜로운 사람은 성품을 보아 형상을 다해서 신령스럽게 통한다.

人問。律師何故不信禪。師曰。理幽難顯名相易持。不見性者所以不信。若見性者號之爲佛。識佛之人方能信入。佛不遠人而人遠佛。佛是心作。迷人向文字中求。悟人向心而覺。迷人修因待果。悟人了心無相。迷人執物守我爲己。悟人般若應用見前。愚人執空執有生滯。智人見性了相靈通。

건혜(乾慧)의 변재를 가진 이는 입이 피로하지만, 큰 지혜로 체득한 이는 마음이 태연하다. 보살은 닥치는 사물을 환히 비추지만, 성문은 경계를 겁내어 마음을 어둡게 한다. 깨달은 사람은 나날이 쓰면서도 남[生]이 없지만, 어리석은 이는 눈앞에 드러난 부처를 보지 못한다."

어떤 사람이 물었다.
"어찌하여야 신통을 얻습니까?"
대사가 말하였다.
"신령한 성품이 영험하게 통하여 항하사 세계에 두루하니, 산하와 석벽에 왕래하여도 걸림이 없으며, 찰나 사이에 만 리를 왕래하여도 자취가 없고, 불이 태우지 못하고 물이 적시지 못하거늘, 어리석은 사람은 스스로의 마음에 지혜가 없어서 육신을 가지고 허공을 날려고 한다. 경에 이르기를 '형상을 취하는 범부에게 응해서 말해 준다.'라고 하니, 마음에 형상이 없는 것을 미묘한 색신이라 하고, 형상 없음을 곧 실상이라 한다.

乾慧辯者口疲。大智體了心泰。菩薩觸物斯照。聲聞怕境昧心。悟者日用無生。迷人見前隔佛。人問。如何得神通去。師曰。神性靈通遍周沙界。山河石壁去來無礙。刹那萬里往返無蹤。火不能燒水不能溺。愚人自無心智。欲得四大飛空。經云。取相凡夫隨宜為說。心無形相即是微妙色身。無相即是實相。

실상의 본체가 공한 것을 허공무변신(虛空無邊身)이라 하고, 만행(萬行)으로 장엄했으므로 공덕법신(功德法身)이라 한다. 곧 이 법신은 만행의 근본으로서 작용에 따라 이름을 세울 뿐, 진실로 말하건대 오직 청정법신 뿐이다."

어떤 이가 물었다.
"일심으로 수도하면 과거의 업장이 소멸됩니까?"
대사가 말하였다.
"성품을 보지 못한 사람은 소멸되지 않지만 성품을 본 사람은 해가 서리와 눈을 비추는 것과 같이 된다. 또 성품을 본 사람은 수미산같이 쌓인 풀더미를 한 점의 불로 태울 수 있는 것과 같게 되니, 업장은 마른 풀과 같고 지혜는 불과 같다."
"어떻게 해야 업장이 다한 것을 알 수 있습니까?"
대사가 말하였다.

實相體空喚作虛空無邊身。萬行莊嚴故云功德法身。即此法身是萬行之本。隨用立名。實而言之。只是淸淨法身也。人問。一心修道過去業障得消滅否。師曰。不見性人未得消滅。若見性人如日照霜雪。又見性人猶如積草等須彌。只用一星之火。業障如草。智慧似火。曰云何得知業障盡。師曰。

"드러난 마음을 깨달으면 전생과 후생의 일을 마주 보는 것처럼 아니, 앞 부처님과 뒷 부처님의 만 가지 법이 동시에 보이느니라. 경에 이르기를 '온통인 생각이라야 온갖 법을 아는 것이다. 그것이 도량이니 온갖 지혜를 성취했기 때문이다.'라고 하였다."

어떤 행자가 물었다.
"어찌하여야 바른 법에 머무를 수 있습니까?"
대사가 말하였다.
"바른 법에 머물기를 구하면 이것은 삿된 짓이다. 무슨 까닭인가 하면 법에는 삿됨도 바름도 없기 때문이다."
"어찌하여야 부처가 되겠습니까?"
"중생의 마음을 버릴 필요 없이 오직 제 성품을 더럽히지만 말라. 경에 이르기를 '마음과 부처와 중생, 이 셋이 차별이 없다.'라고 하였다."
"그렇게 알면 해탈을 얻겠습니까?"

見前心通前後生事猶如對見。前佛後佛萬法同時。經云。一念知一切法是道場。成就一切智故。有行者問云。何得住正法。師曰。求住正法者是邪。何以故。法無邪正故。曰云何得作佛去。師曰。不用捨眾生心。但莫污染自性。經云。心佛及眾生是三無差別。曰若如是解者得解脫否。

대사가 말하였다.

"본래부터 속박한 일이 없으니 해탈을 구할 것도 없다. 법은 언어와 문자를 초월한 것이니 수효와 구절 속에서 구할 것이 아니요, 법은 과거·현재·미래가 아니니 인과 가운데에서 계합한 것도 아니다. 법은 온갖 것을 초월하여 비교될 것이 없다. 법신은 형상이 없되 사물에 응하여 형상을 나타내니, 세간을 여의고 해탈을 구하려 하지도 말라."

어떤 승려가 물었다.

"어떤 것이 반야입니까?"

대사가 말하였다.

"그대가 아니라고 의심하는 그것을 말해 봐라."

또 물었다.

"어찌하여야 성품을 봅니까?"

"보는 것이 곧 성품이니 성품이 없으면 능히 볼 수 없다."

또 물었다.

"어떤 것이 수행입니까?"

師曰。本自無縛不用求解。法過語言文字。不用數句中求。法非過現未來。不可以因果中契。法過一切不可比對。法身無象應物現形。非離世間而求解脫。僧問。何者是般若。師曰。汝疑不是者試說看。又問。云何得見性。師曰。見即是性無性不能見。又問。如何是修行。

대사가 말하였다.

"제 성품을 더럽히지만 말라. 이것이 수행이다. 스스로 속이지만 말라. 이것이 수행이다. 큰 활용이 나타나면 그것이 차등 없이 차등한 법신이다."

또 물었다.

"성품에도 악이 있습니까?"

"거기에는 선도 성립되지 않는다."

"선도 악도 성립되지 않는다면 마음은 어디에 씁니까?"

"마음을 가지고 마음을 쓴다고 하면 크게 전도된 것이다."

"어찌하여야 옳겠습니까?"

"어찌할 것도 없고, 옳을 것도 없다."

어떤 이가 물었다.

"어떤 사람이 배를 탔을 때에 배 밑바닥에 달팽이가 깔려 죽으면 사람이 죄를 받습니까, 배가 벌을 받습니까?"

師曰。但莫污染自性即是修行。莫自欺誑即是修行。大用現前即是無等等法身。又問。性中有惡否。師曰。此中善亦不立。曰善惡俱不立將心何處用。師曰。將心用心是大顛倒。曰作麼生即是。師曰。無作麼生亦無可是。人問。有人乘船船底刺殺螺蜆。為是人受罪。為復船當辜。

대사가 말하였다.

"배도 사람도 모두 마음이 없었으니 죄는 바로 그대에게 있다. 마치 모진 바람에 나뭇가지가 꺾이면서 생명을 상하는 것과 같이 지은 이도 없고 받을 이도 없건만, 세계 안에는 중생이 괴로움을 받지 않는 곳이 없다."

어떤 승려가 물었다.

"뜻[情]에 맡긴다는 것과 경계를 가리키는 것과 말하거나 잠잠한 것과 눈썹을 움직이거나 눈알을 굴리는 것들을 어떻게 하여야 한 생각에 회통하겠습니까?"

대사가 말하였다.

"성품 이외에 쓰는 것이 없다. 묘한 자는 움직이고 고요함에 뭇 묘함을 갖추고, 마음이 참된 이는 말하고 잠잠함에 모두 참되며, 도를 회통한 이는 다니고 멈추고 앉고 누움이 곧 도이거늘, 제 성품을 미혹하게 되어 만 가지 미혹이 생겨난 것이다."

師曰。人船兩無心罪正在汝。譬如狂風折樹損命。無作者無受者。世界之中無非眾生受苦處。僧問。未審託情勢指境勢語默勢乃至揚眉動目等勢。如何得通會於一念間。師曰。無有性外事用。妙者動寂俱妙。心真者語默總真。會道者行住坐臥是道。為迷自性萬惑茲生。

또 물었다.

"어떤 것이 이 법에 종지(宗旨)가 있는 것입니까?"

대사가 말하였다.

"세우는 바에 따라 여러 가지 뜻이 있다. 문수도 머무름 없는 근본에 의하여 온갖 법을 세웠을 뿐이다."

"허공 같은 것 아닙니까?"

"그대는 허공과 같아질 것을 두려워하는가?"

"두려워합니다."

"두려움을 아는 그것은 허공과 같지 않다."

어떤 이가 물었다.

"말과 비유로 미치지 못하는 곳을 어찌하여야 알 수 있습니까?"

대사가 말하였다.

"그대가 지금 바야흐로 말하고 있을 때 어디에 미치지 못한다고 의심하는가?"

又問。如何是法有宗旨。師曰。隨其所立即有眾義。文殊於無住本立一切法。曰莫同太虛否。師曰。汝怕同太虛否。曰怕。師曰。解怕者不同太虛。人[28] 問。言方不及處如何得解。師曰。汝今正說時疑何處不及。

---

28) 人인 송. 원나라본에는 又로 되어 있다.

어떤 숙덕(宿德) 10여 사람이 함께 물었다.

"경에 이르기를 불법을 파괴해 없애려 한다고 하였는데, 불법을 파괴해서 없앨 수 있습니까?"

대사가 말하였다.

"범부나 외도들은 불법을 파괴해 없앨 수 있다 하고, 이승은 파괴해 없앨 수 없다 하지만, 나의 정법에는 이런 두 가지 소견이 없다. 만일 정법으로 논하자면 범부나 외도뿐만 아니라 부처의 경지에 이르지 못한 이승까지도 그르친 사람이다."

또 물었다.

"참 법, 허망한 법, 공한 법, 공하지 않은 법들이 제각기 성품 종자가 있습니까?"

"대저 법에는 성품 종자가 없으니 물건에 응하여 나타날 뿐이다. 마음은 환이어서 일체 것이 모두 환이라 하나, 만약 한 법이라도 환이 아니라는 것이 있다면 환이 정해짐이 있게 된다.

有宿德十餘人同問。經云。破滅佛法未審佛法可破滅否。師曰。凡夫外道謂佛法可破滅。二乘人謂不可破滅。我正法中無此二見。若論正法非但凡夫外道。未至佛地者二乘亦是惡人。又問。真法幻法空法非空法各有種性否。師曰。夫法雖無種性應物俱現。心幻也一切俱幻。若有一法不是幻者。幻即有定。

마음이 공(空)하여서 일체 것이 모두 공하다 하나, 만약 한 법이라도 공하지 않은 것이 있다고 한다면 공이라는 뜻을 세울 수 없다. 미혹할 때에는 사람이 법을 따르지만 깨달았을 때에는 법이 사람으로 해서 비롯된다.

마치 삼라만상이 공에 이르러 극치를 이루고, 백 갈래의 개울이 바다에 이르러 극치를 이루듯, 일체 성현은 부처에 이르러 극치를 이루고, 12부경과 5부(部)의 율장〔毘尼〕과 다섯 가지 위타론(圍陀論)은 마음에 이르러 극치를 이룬다.

마음은 모두 다 지닌 묘한 근본이며 만 가지 법의 큰 근원이다. 지혜장(智慧藏)이라고도 하고, 혹은 무주열반(無住涅槃) 따위의 백천만 가지 이름이 있으나, 모두가 마음을 다르게 부른 것일 뿐이다."

또 물었다.

"어떤 것이 환입니까?"

心空也一切皆空。若有一法不空空義不立。迷時人逐法。悟時法由人。如森羅萬象至空而極。百川眾流至海而極。一切賢聖至佛而極。十二分經五部毘尼五圍陀論至心而極。心者是總持之妙本萬法之洪源。亦名大智慧藏無住涅槃。百千萬名盡心之異號耳。又問。如何是幻。

대사가 말하였다.

"환은 일정한 상이 없으니, 마치 불똥을 돌려서 이룬 바퀴나 건달바성[29]이나 나무로 만든 사람이나 아지랑이나 허공의 꽃과 같아서 모두가 실다운 법이 아니다."

또 물었다.

"어째서 큰 환의 스승이라 이름했습니까?"

"마음은 큰 환의 스승이고, 몸은 큰 환의 성이며, 이름과 형상은 큰 환의 의식(衣食)이어서, 힝하사 세계가 모두 환의 일인데, 범부는 환임을 알지 못하고 곳곳에서 미혹하여 환을 탐하여 업을 짓고, 성문은 환의 경계를 두려워하여 마음을 어둡힌 채 적멸에 든다.

그러나 보살은 환의 법을 알고 환의 본체를 통달하여 온갖 이름과 형상에 구애되지 않으며, 부처님은 큰 환의 스승으로서 큰 환인 법륜을 굴리어 큰 환의 열반을 이루고, 환인 생멸을 굴리어 불생불멸을 얻으며, 항하사 같은 더러운 국토로 청정한 법계를 이룬다."

師曰。幻無定相如旋火輪。如乾闥婆城。如機關木人。如陽焰。如空華。俱無實法。又問。何名大幻師。師曰。心名大幻師。身為大幻城。名相為大幻衣食。河沙世界無有幻外事。凡夫不識幻。處處迷幻業。聲聞怕幻境昧心而入寂。菩薩識幻法達體幻。不拘一切名相。佛是大幻師。轉大幻法輪。成大幻涅槃。轉幻生滅得不生不滅。轉河沙穢土成清淨法界。

---

29) 건달바성(乾闥婆城) : 건달바가 건립했다는 환상의 성곽.

어떤 승려가 물었다.

"무슨 까닭에 경을 읽지 못하게 하며 나그네의 말이라 합니까?"

대사가 말하였다.

"마치 앵무새와 같아서 다만 사람의 말을 배울 뿐이요, 사람의 뜻은 얻지 못하기 때문이다. 경은 부처님의 뜻을 전하는데, 부처님의 뜻은 얻지 못하고 경만 읽으니 이는 말을 배우는 사람이다. 그러므로 허락하지 않는 것이다."

"문자와 언어를 떠나 따로 뜻이 있는 것은 아니지 않습니까?"

"그대가 그렇게 말하는 것도 역시 말로 배운 것이다."

승려가 말하였다.

"똑같은 말인데 어째서 한쪽은 인정하지 않으십니까?"

대사가 말하였다.

"그대는 지금 자세히 들어라. 경전에 분명한 글이 있으니 '내가 설한 것은 이치여서 말이나 글이 아니요, 중생이 설한 것은 글과 말이어서 이치가 아니다.'라고 하였다.

僧問。何故不許誦經喚作客語。師曰。如鸚鵡只學人言不得人意。經傳佛意。不得佛意而但誦是學語人。所以不許。曰不可離文字言語別有意耶。師曰。汝如是說亦是學語。曰同是語言何偏不許。師曰。汝今諦聽經有明文。我所說者義語非文。眾生說者文語非義。

뜻을 얻은 이는 떠도는 말을 초월하고 이치를 깨달은 이는 문자를 초월한다. 법은 언어와 문자를 초월했으니 어찌 수효와 구절 속에서 구하랴. 그러므로 보리의 마음을 일으킨 이는 뜻을 얻어 말을 잊으며 이치를 깨달아서 교리를 버린다. 흡사 고기를 얻고는 통발을 잊고, 토끼를 잡고는 올가미를 버리는 것과도 같다."

어떤 법사가 물었다.
"염불하는 것을 상이 있는 대승이라고 하는데, 선사께서는 어찌 생각하십니까?"
대사가 말하였다.
"형상이 없다 해도 오히려 대승이 아니거늘 하물며 형상이 있다 하랴. 경에서도 형상을 취하는 범부에게 근기에 따라 말할 뿐이라고 하셨다."
또 물었다.
"정토(淨土)에 태어나기를 원한다고 하는데 실제로 정토가 있습니까?"

得意者越於浮言。悟理者超於文字。法過語言文字。何向數句中求。是以發菩提者得意而忘言。悟理而遺教。亦猶得魚忘筌得兔忘蹄也。有法師問。念佛是有相大乘禪師意如何。師曰。無相猶非大乘。何況有相。經云。取相凡夫隨宜為說。又問。願生淨土未審實有淨土否。

대사가 말하였다.

"경에 이르기를 '정토를 얻고자 하면 마음을 청정하게 하라. 마음이 청정하면 불국토도 청정해진다. 마음이 청정하면 있는 곳마다 모두가 정토이니, 마치 왕의 집에 태어난 아들은 반드시 왕의 지위를 이어받는 것과 같아서, 마음을 일으켜 불도로 향하면 그는 부처님의 정토에 난다. 만일 그 마음이 청정하지 못하면 태어나는 곳마다 더러운 국토이니, 더럽고 깨끗함은 마음에 있지 국토에 있는 것이 아니다.'라고 하였다."

또 물었다.

"항상 도를 말씀하시는 것을 듣는데 어떤 사람이 봅니까?"

대사가 말하였다.

"지혜의 눈이 있는 이가 본다."

"대승을 매우 좋아하는데 어떻게 배워야 얻습니까?"

"깨달으면 얻고 깨닫지 못하면 얻지 못한다."

師曰。經云。欲得淨土當淨其心。隨其心淨即佛土淨。若心清淨所在之處皆為淨土。譬如生國王家決定紹王業。發心向佛道是生淨佛國。其心若不淨在所生處皆是穢土。淨穢在心不在國土。又問。每聞說道未審何人能見。師曰。有慧眼者能見。曰其[30]樂大乘如何學得。師曰。悟即得不悟不得。

---

30) 其가 송, 원나라본에는 甚으로 되어 있다.

"어찌하여야 깨닫겠습니까?"

대사가 말하였다.

"자세히 관(觀)하라."

"무엇과 비슷합니까?"

"비슷한 물건이 없다."

"그러면 끝내는 공이라 하겠군요."

대사가 말하였다.

"끝내 공이라 할 것도 없다."

"그러면 있겠습니다."

"있다 하지만 형상이 없다."

"깨닫지 못할 때에는 어떠합니까?"

"대덕 스스로가 깨닫지 못했다 할 뿐이오, 사람의 본바탕에는 막힘이라는 것이 없다."

어떤 이가 물었다.

"불법에 과거·현재·미래가 있습니까?"

대사가 말하였다.

曰如何得悟去。師曰。但諦觀。曰似何物。師曰。無物似。曰應是畢竟空。師曰。空無畢竟。曰應是有。師曰。有而無相。曰不悟如何。師曰。大德自不悟亦無人相障。人問。佛法在於三際否。師曰。

"드러나 있으나 상이 없어서 그 이외의 것이 없다. 응하여 씀에 다함이 없으나, 안이 있는 것도 아니고 머무를 중간도 없어서 과거·현재·미래도 얻을 수 없다."

"그 말씀이 퍽 혼돈스럽습니다."

대사가 말하였다.

"그대가 혼돈스럽다는 한마디를 할 때에 안팎이 있는가?"

"제자가 안팎을 더듬고 찾아도 자취가 없습니다."

"자취가 없다면 위에서 말한 것이 혼돈스러울 것이 없음을 분명히 알 것이다."

"어찌하여야 부처가 되겠습니까?"

대사가 말하였다.

"마음이 부처이니 마음으로 부처가 된다."

"중생이 지옥에 들어가면 불성도 들어갑니까?"

"지금 악을 행할 때에 선이 따로 있는가?"

"없습니다."

見在無相不在其外。應用無窮不在於內。中間無住處三際不可得。曰此言大混。師曰。汝正說混之一字時在內外否。曰弟子究檢內外無蹤迹。師曰。若無蹤迹明知上來語不混。曰如何得作佛。師曰。是心是佛是心作佛。曰眾生入地獄佛性入否。師曰。如今正作惡時更有善否。曰無。

대사가 말하였다.

"중생이 지옥에 들 때에 불성도 그렇다."

"온갖 중생이 모두 불성이 있다는데 어떠합니까?"

"부처가 쓸 때는 부처의 성품이요, 도적이 지을 때는 도적의 성품이며, 중생이 쓸 때는 중생의 성품이니, 성품은 형상이 없는 것이나 작용함에 따라 이름을 세웠을 뿐이다. 경에 이르기를 '온갖 성현들이 모두 무위법으로 차별을 두었다.'라고 하였다."

어떤 승려가 물었다.

"어떤 것이 부처입니까?"

대사가 말하였다.

"마음을 떠나서는 부처가 없다."

"어떤 것이 법신입니까?"

"마음이 법신이니, 능히 만 가지 법을 내기 때문에 법계의 몸이라고도 한다.

師曰。眾生入地獄佛性亦如是。曰一切眾生皆有佛性如何。師曰。作佛用是佛性。作賊用是賊性。作眾生用是眾生性。性無形相隨用立名。經云。一切賢聖皆以無為法而有差別。僧問。何者是佛。師曰。離心之外即無有佛。曰何者是法身。師曰。心是法身。謂能生萬法故號法界之身。

『기신론(起信論)』에 이르기를 '법이라는 것은 중생들의 마음을 이르는 것이니, 이 마음에 의하여 대승의 이치를 나타내 보인다.'라고 하였다."

또 물었다.

"어째서 큰 경전이 작은 티끌 속에 들어있다고 합니까?"

대사가 말하였다.

"지혜가 경전이니, 경에 이르기를 '큰 경전 등 삼천대천세계가 한 티끌 속에 들어있다.'라고 하였다. 한 티끌이란 한 생각이라는 티끌이다. 그러므로 한 생각의 티끌 속에서 항하사 게송을 연설해 내거늘 사람들이 알지 못할 뿐이다."

"무엇을 큰 이치의 성이라 하고, 무엇을 큰 이치의 왕이라 합니까?"

"몸은 큰 이치의 성이 되고, 마음은 큰 이치의 왕이 되느니라. 경에 이르기를 '많이 들은 이는 이치를 잘 아나 말을 잘 하지 않는다.'라고 하니, 말에는 생멸이 있기 때문이다.

起信論云。所言法者。謂眾生心。即依此心顯示摩訶衍義。又問。何名有大經卷內在一微塵。師曰。智慧是經卷。經云。有大經卷量等三千大千界。內在一微塵中。一塵者是一念心塵也。故云。一念塵中演出河沙偈時人自不識。又問。何名大義城。何名大義王。師曰。身為大義城。心為大義王。經云。多聞者善於義不善於言說。言說生滅義。

생멸하지 않는 이치는 형상이 없는 것이어서 언어의 밖에 있다. 마음이 큰 경전이요, 마음이 큰 이치의 왕인데, 마음을 분명하게 알지 못하는 이는 이치에 능하다 할 수 없다. 단지 말을 배우는 사람일 뿐이다."

또 물었다.

"『반야경』에 이르기를 '아홉 종류의 중생을 제도하여 모두를 열반에 들게 한다.'라고 하였고, 또 '실제로는 한 중생도 열반에 든 이가 없다.'라고 하니, 이 두 말을 어떻게 회통해야 되겠습니까?

전후 사람들이 모두 말하기를 '실제로 중생을 제도하더라도 중생의 상을 취하지 않는다.'라고 하는데, 항상 의심이 풀리지 않습니다. 스님께서 설명해 주십시오."

대사가 말하였다.

"아홉 종류의 중생 한 몸에 모두 스스로 구족되어 있으니, 짓는 데 따라 이루어진다.

不生滅義無形相。在言說之外。心為大經卷。心為大義王。若不了了識心者不名善義。只是學語人也。又問。般若經云。度九類眾生皆入無餘涅槃。又云。實無眾生得滅度者。此兩段經文如何通會。前後人說皆云。實度眾生而不取眾生相。常疑未決。請師為說。師曰。九類眾生一身具足隨造隨成。

이런 까닭으로 무명(無明)은 난생(卵生)이 되고, 번뇌가 싸고 싼 것은 태생(胎生)이 되며, 애욕의 물에 잠긴 것은 습생(濕生)이 되고, 깜박 사이에 번뇌를 일으키는 것은 화생(化生)이 된다.

깨달으면 부처이거니와 미혹하면 중생이니, 보살이 생각으로 생각하는 마음을 취하려 하면 중생이라 하고, 생각으로써 생각하는 마음의 본체가 공함을 깨달으면 중생을 제도했다고 이름한다. 지혜로운 이는 근본 바탕 위에서 형체 이전의 것을 제도하는데, 형체 이전의 것이 공한 것이라면 실제로 중생을 제도한 것이 없음을 알 수 있다."

어떤 승려가 물었다.
"언어가 마음입니까?"
대사가 말하였다.
"언어는 인연일지언정 마음은 아니다."
"인연을 여의고 무엇을 이 마음이라고 합니까?"

是故無明為卵生。煩惱包裹為胎生。愛水浸潤為濕生。欻起煩惱為化生。悟即是佛。迷號眾生。菩薩只以念念心為眾生。若了念念心體空。名為度眾生也。智者於自本際上度於未形。未形既空即知實無眾生得滅度者。僧問。言語是心否。師曰。言語是緣不是心。曰離緣何者是心。

대사가 말하였다.

"언어를 떠나서는 마음이 없다."

승려가 말하였다.

"언어를 떠나서 마음이 없다면 곧 마음이겠습니다."

"마음은 형상이 없다. 언어를 여의지도 않았고, 언어를 여의지 않은 것도 아니다. 마음은 항상 가없이 이러-해서 자유롭게 응용한다. 조사께서 말씀하시기를 '마음이 마음 아닌 줄 깨달으면 비로소 마음으로써 마음의 법을 안다.'라고 하셨다."

어떤 승려가 물었다.

"어떤 것이 정과 혜를 고르게 배우는 것입니까?"

대사가 말하였다.

"정은 혜의 본체요, 혜는 정의 작용이니, 정에서 혜가 일어나고, 혜에서 정으로 돌아간다. 마치 물과 물결이 한 몸인 것과 같이 앞뒤가 없으면 정과 혜를 고르게 배우는 것이라 한다.

　　師曰。離言語無心。曰離言語旣無心若爲是心。師曰。心無形相非離言語非不離言語。心常湛然應用自在。祖師云。若了心非心始解心心法。僧問。如何是定慧等學。師曰。定是體慧是用。從定起慧從慧歸定。如水與波一體更無前後。名定慧等學。

출가한 사람들은 말끝만을 따르지 말라. 다니고 멈추고 앉고 누움이 모두가 그대 성품의 작용이니, 어떤 곳이 도와 상응하지 않으랴.

우선 그대 스스로가 일시에 쉬어 버리기만 하라. 만일 바깥 경계를 따르지 않으면 바람 같은 마음과 물 같은 성품은 자연히 맑게 잠겨서 일이 없다. 안녕."

夫出家兒莫尋言逐語。行住坐臥並是汝性用。什麽處與道不相應。且自一時休歇去。若不隨外境。風心性水常自湛湛。無事珍重。

 토끼뿔

◌ "몸이 실상임을 관하고 부처도 그렇게 관하라.'라고 하였으니, 만일 빛과 소리를 따라 생각을 내지 않고 형상과 모양을 따라 알음알이를 내지 않으려면 어떻게 해야 되겠습니까?"에 대해

나무말 거꾸로 타고서 궁에 들어봐라
스스로도 모르게 무릎 쳐 웃으리니
그게 바로 천연한 본래의 미타로세

◌ "일체 이름[名相]과 법상(法相), 그리고 말함과 잠자코 있음 따위를 어떻게 회통하여야 앞뒤가 없게 되겠습니까?"에 대해

남해 금산 두견화는 붉은 빛이고
장불재 억새풀의 흰수염이다

☞ "어찌하여야 바른 법에 머무를 수 있습니까?"에 대해

바다는 수평이 제 모습이고
산들은 곡선이 제 모습이다

☞ "어찌하여야 옳겠습니까?"에 대해

이러-해서 시비를 초월함을
동네어귀 장승도 이르고
뜰앞에 화초들도 누설한다

☞ "어떤 것이 법에 종지(宗旨)가 있는 것입니까?"에 대해

지리산은 구례군의 명물이고
월출산은 영암군의 명물이며
무등산은 광주의 명물이다

분주(汾州) 대달(大達) 무업(無業) 국사 법어

대사가 법상에 오르니 어떤 승려가 물었다.

"십이분교가 이 땅에 들어와서 도과(道果)를 얻은 이가 하나 둘이 아니거늘, 어찌하여 조사께서 동쪽으로 오시어 교화하시면서 현묘한 종지를 따로 외치되, 사람의 마음을 바로 가리켜 성품만 보면 부처를 이룬다 하셨습니까? 어찌 세존의 설법이 다하지 못한 바가 있을 수 있겠습니까?

옛날의 여러 대덕 고승들은 모두가 아홉 학파의 학문을 다 궁구하여 삼장을 환히 아셨고, 그 가운데에서도 도생(道生), 승조(僧肇), 도융(道融), 승예(僧叡)[31]는 모두가 드물게 나타난 신비하고 뛰어난 분들이거늘, 어찌 불법의 멀고 가까움을 짐작하지 못했겠습니까? 저는 어리석고 둔하니 스님께서 가리켜 보여 주십시오."

汾州大達無業國師。上堂有僧問曰。十二分教流於此土。得道果者非止一二。云何祖師東化別唱玄宗。直指人心見性成佛。豈得世尊說法有所未盡。只如上代諸德高僧。並學貫九流洞明三藏。生肇融叡盡是神異間生。豈得不知佛法遠近。某甲庸昧願師指示。

---

31) 도생(道生), 승조(僧肇), 도융(道融), 승예(僧叡) : 구마라습의 뛰어난 제자로 사의보살(四依菩薩)이라 불리웠다.

대사가 말하였다.

"모든 부처님들은 일찍이 세상에 나타나신 바 없으며, 또한 한 법도 사람에게 주신 바가 없다. 다만 병에 따라 약방문을 베푸셨을 뿐이다. 십이분교가 있는 것은 마치 단 과일을 쓴 호로(葫蘆)32)로 바꾸듯 그대들의 업의 근원을 씻어 주시고자 한 것일 뿐이어서 모두 자취 없는 일이다.

신통변화와 백 천 삼매의 문으로 하늘의 마와 외도까지를 교화하고, 복과 지혜의 두 가지로 장엄한다는 것은 있음에 집착하거나 공(空)에 막힌 소견을 없애기 위한 것이다. 만일 달마가 서에서 오신 뜻인 도를 알지 못한다면 어찌 도생(道生), 승조(僧肇), 도융(道融), 승예(僧叡)를 논하리오.

지금 천하에 선을 알고 도를 안다고 하는 이가 항하사같이 많고, 마음이나 부처를 이야기하는 이도 백 천 만억이 된다. 그렇지만 가는 티끌이라도 없애지 못하면 윤회를 면하지 못하고, 사량하는 마음을 없애지 않으면 모두가 삼악도에 떨어지게 된다.

師曰。諸佛不曾出世。亦無一法與人。但隨病施方。遂有十二分教。如將蜜果換苦葫蘆。淘汝諸人業根都無實事。神通變化及百千三昧門化彼天魔外道。福智二嚴為破執有滯空之見。若不會道及祖師來意。論什麼生肇融叡。如今天下解禪解道如河沙數。說佛說心有百千萬億。纖塵不去未免輪迴。思念不亡盡須沈墜。

---

32) 호로(葫蘆) : 박과의 식물.

이런 무리는 자기 스스로의 업과(業果)도 알지 못하면서, 망령되게 자기와 남을 모두 이롭게 한다 하고, 제 스스로가 높은 무리라 하여 선덕들에게 견주고, 눈에 띄는 것마다 불사(佛事)가 아닌 것이 없다 하면서 발을 딛는 곳마다 모두 도량이라 하는데, 그들의 익히는 바를 보면 오계(五戒)나 십선(十善)[33]을 지키는 한 범부만도 못하다.

그들이 말하는 것을 보건대 소승이나 십지의 보살을 마땅치 않게 여기니, 제호(醍醐)의 좋은 맛이 세상에서 진기하다고 하나 이런 사람을 만나면 도리어 독약을 이룬다.

남산(南山)도 스스로를 대승이라 여기지 않았는데, 말이나 배우는 무리는 입술과 혀 사이에서 칼끝을 겨루고, 형상 없는 일을 요란하게 따지면서 선덕들과 견주니 진실로 안타까운 일이다.

如斯之類尚不能自識業果。妄言自利利他。自謂上流並他先德。但言觸目無非佛事。舉足皆是道場。原其所習不如一箇五戒十善凡夫。觀其發言嫌他二乘十地菩薩。且醍醐上味為世珍奇。遇斯等人翻成毒藥。南山尚自不許呼為大乘。學語之流。爭鋒脣舌之間。鼓論不形之事。並他先德。誠實苦哉。

---

33) 십선(十善) : 십계를 실행하는 것.

시골에 숨어 사는 고사(高士)만 하여도 돌베개를 베고 개울에 양치하면서 세상 명리(名利)를 버릴 줄 알고, 나라를 안정시키고 백성을 다스리는 꾀가 있으나 불러도 나아가지 않는데, 하물며 우리 선종은 더욱더 길이 다르다.

옛날의 높은 도인들의 행리를 보건대, 뜻을 얻은 뒤에 띠집이나 돌방에서 다리 부러진 솥에 밥을 지어 먹으면서 30년이나 20년이 지나도록 세상 명리를 마음에 두지 않고 재물을 생각에 두지 않았다. 인간 세상을 모두 잊고 바위틈에 자취를 감추어 군왕이 불러도 나오지 않고 제후가 청해도 나아가지 않았으니, 어찌 우리들이 명리를 탐하여 세상일에 물드는 것을 마치 밑천 짧은 장사가 작은 이익 때문에 큰 이익을 잃는 것 정도에만 비유하랴.

십지(十地)에 오른 성인들이 어찌 불법의 이치를 통달하지 못해서 하나의 박지범부(博地凡夫)만도 못하다 하랴. 진실로 그럴 수가 없다.

只如野逸高士。尚解枕石漱流棄其利祿。亦有安國理民之謀徵而不赴。況我禪宗途路且別。看他古德道人得意之後。茅茨石室向折脚鐺子裏。煮飯喫過三十二十年。名利不干懷。財寶不爲念。大忘人世隱跡巖叢。君王命而不來。諸侯請而不赴。豈同我輩貪名愛利汨沒世途。如短販人有少希求而忘大果。十地諸賢豈不通佛理可不如一箇博地凡夫。實無此理。

그들의 설법이 빗발 같고 구름 같아도 여전히 부처님께서 꾸지람하시기를 '성품을 보았건만 아직 얇은 비단이 가린 것 같다.'라고 하신 것은, 성인이지만 기량을 쓰는 데에 정(情)이 있고, 소견에 과(果)와 인(因)에 있어서 정을 초월하지 못했으므로, 온갖 그림자와 자취를 초월하지는 못했기 때문이다.

옛 현인과 고덕과 많이 배운 이와 고명한 이들이 고금의 일을 두루 통달하고 교리의 대강을 환히 밝혔지만, 학문을 알고 글을 새기기만 했을 뿐, 물과 젖을 가리지 못하듯 스스로의 진리를 밝히지 못했기 때문에 고요함을 생각하는 것으로 참됨을 구한다 하였다.

아! 사람의 몸을 얻는 이는 손톱 사이에 끼어있는 흙같이 드물고, 사람의 몸을 잃은 이는 대지의 흙같이 많으니 슬픈 일이다.

他說法如雲如雨。猶被佛呵云。見性如隔羅縠。只爲情存聖量見存[34]果因。未能逾越聖情過諸影跡。先賢古德碩學高人博達古今洞明教網。蓋爲識學詮文水乳難辨。不明自理念靜求真。嗟乎得人身者如爪甲上土。失人身者如大地土。良可傷哉。

---

34) 存이 송, 원나라본에는 在로 되어 있다.

설사 이치를 깨달은 이가 있어 하나의 지견과 견해가 생겼더라도 깨달음에 적중해 이치의 문에 들어서 알지 못하면, 문득 영원히 세상 명리를 떠났다고 하면서 산천을 돌며 선배들을 업신여기다가, 마음의 번뇌도 다하지 못하고 이치의 바탕을 밝히지 못해서, 끝내는 헛되이 늙어 죽음에 이르도록 아무것도 이룸 없이 허송세월을 보내게 된다.

또 총명으로는 업을 대항하지 못하고 건혜로는 괴로움의 윤회를 면하지 못한다. 가령 재주가 마명(馬鳴)과 같고 식견이 용수(龍樹)를 닮았다 하여도, 단지 한두 생 동안 사람의 몸을 잃지 않고, 감관과 생각의 묵은 업이 맑아져서 들어 아는 것으로 풀 뿐이니, 저 생공(生公)³⁵⁾과 같은 이를 부러워할 것이 무엇이랴. 도와는 아주 멀고도 멀다.

設有悟理之者有一知一解。不知是悟中之則入理之門。便謂永出世利。巡山傍澗輕忽上流。致使心漏不盡理地不明。空到老死無成虛延歲月。且聰明不能敵業。乾慧未免苦輪。假使才並馬鳴解齊龍樹。只是一生兩生不失人身。根思宿淨聞知³⁶⁾即解。如彼生公何足為羨與道全遠。

---

35) 생공(生公) : 도생(道生). 중국의 승려인 생공이 돌을 모아 놓고 『열반경』을 강의하며 천제(闡提)도 성불한다고 하니, 여러 돌이 고개를 끄덕였다는 일화가 있다.
36) 知가 송, 원나라본에는 之로 되어 있다.

여러분들과 함께 진실을 논하고 헛된 것은 논하지 않는다 하지만, 입으로 먹고 몸에 입는 것이 모두 어진 이를 속이고 성인을 가리는 것뿐이어서, 장래 깨달아 타심통(他心通)이나 혜안(慧眼)으로 관조해 보면 피고름을 먹는 것과 꼭 같다. 모두 반드시 갚아 주어야 된다. 도과(道果)를 얻었다고 해서 누가 자연히 생기는 신도들의 시주물을 받지 않을 수 있겠는가? 반야를 배우는 보살은 스스로를 속이지 않으니, 마치 살얼음을 밟는 것 같고 칼날 위를 딛는 것 같이 해야 한다.

임종할 때에 털끝만큼이라도 범부니, 성인이니 하는 분별을 다하지 못했다거나, 가는 티끌만큼이라도 생각이 끊어지지 않으면, 생각을 따라 생(生)을 받는다. 오음의 경중(輕重)에 따라 나귀와 말의 배에 들어 의탁하거나, 화탕지옥 속에 들어가 한바탕 볶이게 되고, 전부터 생각해 가졌던 기억과 견해와 지혜를 한꺼번에 몽땅 잃어버려서 전과 같이 개미떼가 되든지 아니면 모기나 각다귀가 된다.

共兄弟論實不論虛。只這口食身衣。盡是欺賢罔聖。求得將來。他心慧眼觀之如喫膿血一般。總須償他始得。阿那箇有道果。自然招得他信施來不受者。學般若菩薩不得自謾。如冰凌上行。似劍刃上走。臨終之時一毫凡聖情量不盡。纖塵思念未忘。隨念受生輕重五陰。向驢胎馬腹裏託質。泥犁鑊湯裏煮煠一遍了。從前記持憶想見解智慧都盧一時失却依前再為螻蟻。從頭又作蚊虻。

비록 좋은 인연이라도 악과(惡果)를 받으리니, 또 무엇을 꾀하겠는가? 형제들이여, 단지 탐욕으로 성품에서 이루어진 25유(有)[37]를 발바닥 밑에다 두었으니, 언제 끝낼 기약이 있으랴.

조사께서 이 지방 중생들이 대승의 근기가 있음을 보시고, 오직 심인(心印)만을 전하여 미혹한 유정에게 가리켜 보이셨으니, 바로 얻은 이는 범부니 성인이니 어리석음이니 지혜니 하는 것을 분별함이 없다.

또 많은 거짓이 적은 진실만 못하니, 대장부가 지금 당장에 쉬어서 만 가지 인연을 단박에 멈추면 생사의 흐름을 초월하여 일정한 격식을 멀리 벗어난다. 신령스런 광채가 홀로 비치어 어떤 물건도 그를 가리지 못하고, 외외당당(巍巍堂堂)하여 삼계를 홀로 걸으리니, 어찌 반드시 키가 열여섯 자고 몸에서 금빛이 나며 목에 둥근 광채를 두르고 혀가 길고 넓어야만 하겠는가? 만일 색으로서 나를 보면 그는 삿된 행을 행한다고 하였다.

雖是善因而遭惡果。且圖什麼。兄弟只爲貪欲成性。二十五有向脚跟下繫著無成辦之期。祖師觀此土衆生有大乘根性。唯傳心印指示迷情。得之者即不揀凡之與聖愚之與智。且多虛不如少實。大丈夫兒如今直下便休歇去。頓息萬緣越生死流迥出常格。靈光獨照物累不拘。巍巍堂堂三界獨步。何必身長丈六紫磨金輝。項佩圓光。廣長舌相。若以色見我是行邪道。

---

37) 25유(有) : 삼계의 번뇌를 세분한 것.

설사 권속으로 장엄했다 하더라도 가져온 것이 아니라 스스로 갖춘 것이어서 산하대지도 눈광명을 가리지 못하고, 큰 총지(總持)를 얻어 하나를 들으면 천을 깨달아 한 술의 밥도 바라지 않게 된다.

여러분들이 혹시 이와 같지 못하다면 조사께서 이 땅에 오신 것이 퍽 이롭기도 하고 퍽 해롭기도 하다.

이롭다 함은 백천 사람 가운데서 하나나 반을 건져 법기(法器)를 삼는 것이요, 해롭다 함은 앞에서 이미 밝힌 것과 같다.

삼승의 교법에 의해 수행한다면 사과(四果)와 삼현(三賢)을 닦아 나아가야만 곧 깨달아 자격이 있어 방해로움이 없을 것이다. 그러므로 고덕이 말씀하시기를 '깨달으면 업장이 본래 공하고 깨닫지 못하면 도리어 묵은 빚을 갚아야 한다.'라고 하셨다."

設有眷屬莊嚴不求自得。山河大地不礙眼光。得大總持一聞千悟。都不希求一餐之直。汝等諸人儻不如是。祖師來至此土非常有損有益。有益者百千人中潦漉[38]一箇半箇堪為法器。有損者如前已明。從他依三乘教法修行。不妨却得四果三賢有進修之分。所以先德云。了即業障本來空。未了還須償宿債。

---

38) 潦漉이 원, 명나라본이 撈摝으로 되어 있다.

 토끼뿔

"신령스런 광채가 홀로 비치어 어떤 물건도 그를 가리지 못하고, 외외당당(巍巍堂堂)하여 삼계를 홀로 걸으리니, 어찌 반드시 키가 열여섯 자고 몸에서 금빛이 나며 목에 둥근 광채를 두르고 혀가 길고 넓어야만 하겠는가? 만일 색으로서 나를 보면 그는 삿된 행을 행한다고 하였다." 에 대해

어떤 것이 신령스런 광채가 홀로 빛난 경지인고?

손끝에서 구지가 눈뜰 때고
수로가 발밑에서 웃는 때니
알고픈가 홍학이 춤을 춘다

지주(池州) 남전(南泉) 보원(普願) 화상 법어

보원 화상이 법상에 올라 말하였다.

"여러분, 나는 열여덟 살 때 이미 살림살이를 꾸밀 줄 알았다. 누군가가 살림살이를 꾸밀 줄 아는 이가 있거든 나오라. 그대와 함께 말해 보리라. 그는 반드시 이 산의 주인이 될 사람이다."

말없이 보이고 대중을 돌아보면서 합장하고 말하였다.

"안녕〔珍重〕. 일 없으니 제각기 수행에 힘써라."

대중이 떠나지 않으니, 대사가 다시 말하였다.

"성스러운 과위라고 할지라도 크게 꺼려야 한다. 견줄 수 없는 사람이라 해도 오히려 어찌할 수 없다. 나라 해도 이 그가 아니요, 그라 해도 이 내가 아니니, 어찌 그가 나를 어찌 할 수 있으랴.

경론을 배우는 이들은 법신이 극칙(極則)을 이룬다고 하거나, 이치가 다한 삼매라 하기도 하고, 뜻이 다한 삼매라 하기도 한다.

池州南泉普願和尚。上堂曰。諸子老僧十八上解作活計。有解作活計者出來共你商量。是住山人始得。良久顧視大眾合掌曰。珍重無事各自修行。大眾不去。師曰。如聖果大可畏。勿量大人尚不奈何。我且不是渠。渠且不是我。渠爭奈我何。他經論家說法身為極則。喚作理盡三昧義盡三昧。

그런데 마치 내가 전에 남에게 근원으로 돌아가라는 가르침을 듣고, 그렇게만 알다가 큰 화근을 당할 뻔한 것과 같다.

여러분, 요사이 선사는 퍽 많으나 둔한 사람을 찾으면 없다. 아주 없다는 것이 아니라 퍽이나 적다는 것이다. 여기에 있거든 나오라. 그대들과 함께 헤아려 보리라.

공겁(空却) 때에도 수행하는 사람이 있었겠는가? 있었다든가, 없었다든가 왜 말하지 못하는가? 그대들의 평상시 공교로운 입술과 얇은 혀도 물으면 아무 대답도 하지 못하는구나. 왜 나서지 못하는가? 부처님이 나타나신 뒤의 일을 말하려는 것은 아니다.

여러분, 요새 사람들이 어깨에다 부처님을 메고 다니다가, 내가 '마음도 부처가 아니요, 지혜도 도가 아니다.'라고 한 것을 들으면 당장에 머리를 모으고 쑥덕거리는데, 나는 그대들에게 쑥덕거림을 당할 일이 없다. 만일 그대들이 허공을 묶어 몽둥이를 만들어서 나를 때릴 수 있다면 멋대로 쑥덕거려라."

似老僧向前被人教返本還源去。幾恁麼會禍事。兄弟近日禪師太多。覓箇癡鈍人不可得。不道全無於中還少。若有出來共你商量。如空劫時有修行人否。有無作麼不道。阿你尋常巧脣薄舌。及乎問著總皆不道。何不出來。莫論佛出世時事。兄弟今時人擔佛著肩上行。聞老僧言心不是佛智不是道。便聚頭擬推老僧無你推處。你若束得虛空作棒打得老僧著一任推。

이때에 어떤 승려가 물었다.

"위로부터 여러 조사와 강서(江西) 대사에 이르기까지 모두 마음이 곧 부처요, 평상심이 도라 하셨는데, 지금 화상께서는 마음도 부처가 아니요, 지혜도 도가 아니라 하시니, 학인은 모두가 의심스럽습니다. 화상께서는 자비로 가리켜 보여 주십시오."

대사가 소리를 질러 말하였다.

"그대가 만약 부처이면 모든 의심을 다 쉬어 버려야 어찌 도리어 나한테 묻는가? 어디에 그렇게 부처를 의심하는 사람이 있겠는가? 노승은 더더구나 부처도 아니요, 조사를 본 적도 없으니, 그렇게 말한 그대가 스스로 조사를 찾아 봐라."

승려가 말하였다.

"화상께서 그렇게 말씀하시면 학인은 어떻게 부지해야 되겠습니까?"

"그대는 급히 손을 써서 허공을 잡아 봐라."

"허공은 움직이는 형상이 없거늘 어떻게 잡겠습니까?"

時有僧問。從上祖師至江西大師。皆云。即心是佛平常心是道。今和尚云。心不是佛智不是道。學人悉生疑惑。請和尚慈悲指示。師乃抗聲答曰。你若是佛休更涉疑却問。老僧何處有恁麼傍家疑佛來。老僧且不是佛。亦不曾見祖師。你恁麼道自覓祖師去。曰和尚恁麼道。教學人如何扶持得。師曰。你急手托虛空著。曰虛空無動相。云何托。

대사가 말하였다.

"그대가 움직이는 형상이 없다고 할 때에 벌써 움직였다. 허공이 어찌 '나는 움직이는 형상이 없다'고 말할 줄 알겠는가? 이는 모두가 그대의 망정에서 나온 견해다."

승려가 말하였다.

"허공은 움직이는 형상이 없거늘 망정으로 소견을 낸다면 아까는 저에게 무슨 물건을 잡으라 하셨습니까?"

"그대가 이미 잡는다고 말할 수 없음을 알았다면 어디에다 그것을 부지해 두려 하는가?"

"마음이 곧 부처라는 말이 틀린다면 이 마음으로 부처를 이룬다고 하면 되겠습니까?"

"이 마음이 부처라거나 이 마음으로 부처를 이룬다는 것은 모두가 망령된 계교로 이룬 것이며 망상으로 이룬 것이다. 부처님은 지혜로운 사람이요, 마음은 꾸미고 즐기는 주인이어서 모든 물건을 대할 때에 그가 묘한 작용을 하는 것이다. 대덕은 마음을 아는 것이 부처를 아는 것이라고 하지 말라.

師曰。你言無動相早是動也。虛空何解道我無動相。此皆是你情見。曰虛空無動相尚是情見。前遣某甲托何物。師曰。你既知不應言托。擬何處扶持他。曰即心是佛既不得。是心作佛否。師曰。是心是佛是心作佛情計所有斯皆想成。佛是智人心是采集主。皆對物時他便妙用。大德莫認心認佛。

설사 깨달아 알았다 해도 그것은 경계이니, 어리석은 자라 불리리라. 그러므로 강서 대사께서 '마음도 아니요, 부처도 아니요, 물건도 아니다.'라고 하신 것이다.

또 그대가 뒷사람들에게 그런 행리(行履)나 가르치면서 요새 사람들과 법복을 걸치고 옆집을 의심이나 하면서 이러니저러니 한가롭게 일삼는 것을 도리어 깨달았다 하겠는가?"

승려가 말하였다.

"이미 마음도 아니요, 부처도 아니요, 물건도 아니라면 화상께서 지금 말씀하시는 마음도 부처가 아니요, 지혜도 도가 아니라 한 것은 무엇입니까?"

대사가 말하였다.

"그대가 마음이 부처라는 앎도 없으면 지혜도 도가 아니어서 노승에게 얻으려는 마음도 없을 터인데, 다시 어느 곳에 두겠는가?"

"이미 아무것도 얻을 수 없다지만 어찌 허공과 같겠습니까?"

設認得是境。被他喚作所知愚。故江西大師云。不是心不是佛不是物。且教你後人恁麼行履。今時學人披箇衣服。傍家疑恁麼閑事還得否。曰既不是心不是佛不是物。和尚今却云心不是佛智不是道。未審若何。師曰。你不認心[39]是佛智不是道。老僧勿[40]得心來復何處著。曰總既不得何與[41]太虛。

---

39) 心 다음에 원나라본 주에 의하면 不이 들어간다.
40) 勿이 원나라본 주에는 一作忽로 되어 있다.
41) 與가 송, 원, 명나라본에는 異로 되어 있다.

대사가 말하였다.

"이미 아무런 물건도 아닌데 어찌 허공에다 견주랴. 또 누가 다르거나 다르지 않다 하랴."

승려가 말하였다.

"마음도 아니요, 부처도 아니요, 물건도 아닌 그것은 없을 수 없겠습니다."

"그대가 만약 그렇게 안다면 도리어 마음이나 부처를 이루는 것이다."

"화상께서 말씀해 주십시오."

"나는 모른다."

"어째서 모르십니까?"

대사가 말하였다.

"나더러 무슨 말을 하라는 것인가?"

승려가 말하였다.

"제가 도를 알았다고 허락하시지 않겠습니까?"

"어떤 도를 알았는가? 또 어떻게 알았는가?"

師曰。既不是物比什麼太虛。又教誰異不異。曰不可無他不是心不是佛不是物。師曰。你若認這箇還成心佛去也。曰請和尚說。師曰。老僧自不知。曰何故不知。師曰。教我作麼生說。曰可不許學人會道。師曰。會什麼道又作麼生會。

승려가 말하였다.
"저는 모릅니다."
대사가 말하였다.
"모르는 것이 도리어 좋다. 만일 내 말을 취한다면 통달한 이에게 기댄 사람이라 부르리라. 설사 미륵이 세상에 나오신 것을 보았다 하더라도 도리어 머리와 꼬리를 지짐 당한 것이다."
"뒷사람들은 어찌하라 하십니까?"
"그대 자신이나 살펴라. 뒷사람을 걱정할 필요가 없다."
"아까는 제가 도를 알았다고 허락하지 않으시더니, 이제는 스스로 살피라고 하시니 어찌해야 좋을지 모르겠습니다."
대사가 말하였다.
"여럿이 모여서 그대가 묘하게 알았다고 허락한다면 그대는 어떻게 알겠는가?"
승려가 말하였다.
"어떤 것이 묘하게 아는 것입니까?"
"아직도 노승의 말이나 배우려 하는가? 설사 노승이 말한다 하더라도 그대가 어찌하겠는가?"

日某甲不知。師日。不知却好。若取老僧語喚作依通人。設見彌勒出世還被他燁却頭尾。日使後人如何。師日。你且自看莫憂他後人。日前不許某甲會道。今復令某甲自看。未審如何。師日。宴會妙會許你。你作麼生會。日如何是妙會。師日。還欲學老僧語。縱說是老僧說。大德如何。

승려가 말하였다.

"제 스스로가 안다면 화상을 괴롭히지 않겠습니다만, 화상께서 자비로 가리켜 보여 주십시오."

대사가 말하였다.

"동쪽을 가리키고 서쪽을 가리키면서 사람을 속이지 말라. 그대가 말을 배우던 어린 시절에는 왜 나에게 물으러 오지 않았는가? 지금 교활한 계교로 자기는 모른다 하니, 무엇을 꾀하여 손에 넣으려는 것인가?

그대들이 '금생에 태어나서 나는 출가하여 선사(禪師)가 되었다.'라고 한다면 출가하기 전에는 무엇이었는가? 말해 봐라. 그대들과 함께 헤아려 보자."

"그 시절에 저는 몰랐습니다."

"이미 몰랐는데 지금 옳다고 인증함은 옳겠는가?"

"인증함이 옳지 않다면 인증하지 않음은 옳겠습니까?"

"인증한다거나 인증하지 않는다 함은 무슨 소리인가?"

曰某甲若自會。即不須和尚乞慈悲指示。師曰。不可指東指西賺人。你當哆哆和和時作麼不來問老僧。今時巧點始道我不會圖什麼。你若此生出頭來道。我出家作禪師。如未出家時曾作什麼來。且說看共你商量。曰恁麼時某甲不知。師曰。既不知即今認得可可是耶。曰認得既不是不認是否。師曰。認不認是什麼語話。

승려가 말하였다.

"그 경지에 이르러서 저는 더욱 모르겠습니다."

대사가 말하였다.

"그대가 모른다면 나도 알지 못한다."

"저는 학인이므로 알지 못하지만 화상은 선지식이니 의당 아실 것입니다."

"이 사람아, 나는 그대에게 알지 못한다 했는데 누구를 선지식이라 하는가? 교묘하게 힐난하지 말라. 강서(江西)의 노숙(老宿)이 계시던 날을 회고하건대, 어떤 학사(學士)가 묻기를 '물은 힘줄도 뼈도 없건만 만 곡(斛)의 배를 띄우니 이 이치가 어떠합니까?'라고 하니, 노숙이 말씀하시기를 '여기에는 물도 없고 배도 없거늘 무슨 힘줄과 뼈를 말하는가?'라고 하셨다.

형제들이여, 그 학사는 그대로 물러갔으니 힘을 던 것이 아니겠는가? 그러므로 누누이 부처도 알지 못한다고 이르니, 스스로가 수행해야 하거늘 안다는 것을 무엇에 쓰리오."

"어떻게 수행하리까?"

日到這裏某甲轉不會也。師曰。你若不會我更不會。曰某甲是學人即不會。和尚是善知識合會。師曰。這漢向你道不會。誰論善知識。莫巧點。看他江西老宿在日。有一學士問。如水無筋骨能乘萬斛舟此理如何。老宿云。這裏無水亦無舟。論什麼筋骨。兄弟他學士便休去可不省力。所以數數向道佛不會道。我自修行用知作麼。曰如何修行。

대사가 말하였다.

"생각하거나 헤아려서 얻을 수 없으니, 사람들에게 이렇게 닦아 이렇게 행하라 하기는 퍽 어려운 일이다."

승려가 말하였다.

"학인도 수행하기를 허락하십니까?"

"내가 그대를 막는 것이 아니다."

"제가 어떻게 수행하리까?"

"행하려면 곧 행할 것이지 남의 등 뒤에서 찾으려 말라."

"선지식의 가리켜 보임이 아니면 알 길이 없습니다. 화상께서 항상 말씀하시기를 '수행하려면 모름지기 알아야 된다. 알지 못하면 인과에 떨어져서 자유롭지 못하리라.'라고 하셨으니, 어떻게 수행하여야 저 인과에 떨어지는 것을 면하겠습니까?"

"더 헤아리고 따질 필요 없다. 만일 수행을 이야기하려면 어디를 간들 얻지 못하랴."

"어디를 가야 얻을 수 있습니까?"

師曰。不可思量得向人道。恁麼修恁麼行大難。曰還許學人修行否。師曰。老僧不可障得你。曰某甲如何修行。師曰。要行即行不可專尋他背。曰若不因善知識指示無以得會。如和尚每言。修行須解始得。若不解即落他因果無自由分。未審如何修行即免落他因果。師曰。更不要商量。若論修行何處不去得。曰如何去得。

대사가 말하였다.

"그대는 남의 등 뒤에서나 캐물어 얻으려고 하지 말라."

승려가 말하였다.

"화상께서 말씀해 주시지 않으면서 저에게 어떻게 찾으라 하십니까?"

"설사 말해준다 하여도 어느 곳에 가서 찾으랴. 그대가 새벽부터 저녁까지 수월하게 동쪽으로 가고 서쪽으로 다니면서도 오히려 얻었는지 얻지 못했는지 헤아릴 수 없다고 하면, 가서 얻으려 해도 얻을 수 없을 것이니, 특별한 사람이라 해도 그대에게 얻게 하지는 못할 것이다."

"동쪽으로 가고 서쪽으로 갈 때에 전혀 생각하여 헤아리지 않으면 옳겠습니까?"

"그럴 때에 누가 옳다거나 그르다 하겠는가?"

"화상께서 매번 말씀하시기를 '나는 온갖 곳에서 행하는 바가 없어 남이 나를 구속하지 못하니, 이는 변행(遍行)삼매로써 색신으로 두루 나투는 것이라 한다.'라고 하셨는데 이 이치가 아닙니까?"

師曰。你不可逐背尋得。曰和尚未說教某甲作麼生尋。師曰。縱說何處覓去。且如你從旦至夜。忽東行西行。你尚不商量道去得不得。別人不可知得你。曰當東行西行總不思量是否。師曰。恁麼時誰道是不是。曰和尚每言。我於一切處而無所行。他拘我不得。喚作遍行三昧普現色身。莫是此理否。

대사가 말하였다.

"수행을 논하자면 어디를 간다고도 못 한다. 구애됨과 구애되지 않음도 말하지 말고 삼매도 말하지 말라."

승려가 말하였다.

"무슨 뛰어난 법이 있어서 보리의 도를 얻었다 합니까?"

"뛰어나니 뛰어나지 않으니 논하지 말라."

"화상께서 말씀하시는 수행이 대승보다 특별하여 훨씬 뛰어나다고 한다면 어떻겠습니까?"

"뛰어나니 뛰어나지 않으니 하는 것과는 상관이 없다고 일찍이 배우지 않았는가? 경전을 보는 일을 말하자면 스스로가 경론의 으뜸이라고 하는 이들이 있는데, 그 교가(敎家)들은 참으로 두렵다. 그대는 듣지 않은 듯이 하는 것이 좋다."

"끝내 학인으로 하여금 어떻게 알라 하십니까?"

師曰。若論修行何處不去。不說拘與不拘。亦不說三昧。曰何異有法得菩提道。師曰。不論異不異。曰和尚所說修行。迢然與大乘別。未審如何。師曰。不管他別不別。兼不曾學來。若論看教自有經論座主。他教家實大可畏。你且不如聽去好。曰究竟令學人作麼生會。

대사가 말하였다.

"그대가 묻는 것을 보니 다만 인연에 있을 뿐이다. 그대를 보건대 어쩔 수 없다. 여섯 문턱의 일을 잘못 알아 그대는 그저 부처 저쪽 일을 알 뿐이다. 물러가라. 너는 나에게 헤아려 달라고만 하는구나.

형제들이여, 이렇게 찾고 구함에 머무르지 않는다거나 이렇게 취하지 않는다고도 말라. 옛사람이 말하기를 '보살이 행을 행할 때 오직 한결같이 행하는데, 하늘마가 권속들을 거느리고 항상 보살의 뒤를 따르다가 마음의 움직임을 일으키는 짬을 타서는 당장에 쓰러뜨리려 한다.'라고 하였다.

이와 같이 한량없는 겁이 지나도록 한 생각도 다른 곳을 볼 짬이 없어야 비로소 권속들의 예찬과 공양을 받는다지만, 오히려 이렇다 해도 닦아 나아가는 중간의 지위와 아래 지위의 사람이어서, 곧 어쩔 수 없는 것이라 할 것이다. 하물며 공용(功用)이 끊어진 곳이라고 말할 수는 있겠는가? 문수, 보현과 같은 이라 할지라도 말하지 못하리라.

師曰。如汝所問元只在因緣邊。看你且不奈何。緣是認得六門頭事。你但會佛那邊。却來我與你商量。兄弟莫恁麼尋逐不住恁麼不取。古人語行菩薩行唯一人行。天魔波旬領諸眷屬常隨菩薩後。覓心行起處便擬撲倒。如是經無量劫覓一念異處不得。方與眷屬禮辭讚歎供養。猶是進修位中下之人。便不奈何。況絕功用處。如文殊普賢。更不話他。

형제들이여, 어째서 도를 행하는 사람이 없는가? 하루도 행하는 사람을 볼 수가 없구나. 요새 옆 사람들은 새해에 이르도록 그저 구경(究竟)만을 구하는데, 어째서 공연히 혀와 입술만을 놀려서 알려고 하는가?"

승려가 말하였다.

"이럴 때에 부처라는 이름도 없고 중생이라는 이름도 없는데, 저에게 무엇을 도모하라 하십니까?"

대사가 말하였다.

"그대가 부처라는 이름도 없고 중생이라는 이름도 없다고 할 때에 벌써 무엇인가를 도모한 것이며, 또 남의 말을 기억해 가진 것이다."

"그렇다면 모두 구족해서 부처님께서 세상에 나신 일을 마쳤다고 말하지 않을 수 없겠습니다."

"그대는 무엇을 말하는가?"

승려가 말하였다.

"설사 말한다 하여도 말로 미칠 수 없습니다."

兄弟作麼生道行是無。覓一日行底人不可得。今時傍家從年至歲。只是覓究竟。作麼生空弄脣舌生解。日當恁麼時無佛名無眾生名。使某甲作麼圖度。師曰。你言無佛名無眾生名。早是圖度了也。亦是記他言語。日若如是悉屬佛出世時事了。不可不言。師曰。你作麼生言。日設使言言亦不及。

대사가 말하였다.

"만일 말로 미칠 수 없다 하면 그것이 벌써 미치는 말이다. 그대가 공연히 그렇게 찾아 헤매나 누가 그대의 경지가 되어 주는가?"

승려가 말하였다.

"이미 무위의 경지자라면 누가 저쪽 사람입니까?"

"만일 그대가 교리를 인용해 오지 않았다면 어디서 부처인들 논하겠는가? 이미 부처를 이야기하지 않았다면 내가 누구와 이쪽저쪽의 일을 논했으랴."

"과(果)에도 머무름이 없다고 하지만 능히 원인으로 이루어진다고 하니, 어떤 뜻입니까?"

"옛사람이든 요즘 사람이든 계를 가지지 않을 수 없다. 나라 하면 이 그일 수 없고, 그라 하면 이 나일 수 없으니, 살쾡이와 흰 암소로 행해야 도리어 쾌활할 것이다. 만일 그대가 한 생각이라도 특별하다는 생각이 있으면 수행했다 하기가 어려우리라."

師曰。若道言不及是及語。你虛恁麽尋逐。誰與你爲境。曰旣無爲境者。誰是那邊人。師曰。你若不引教來卽何處論佛。旣不論佛老僧與誰論這邊那邊。曰果雖不住道而道能爲因如何。師曰。是他古人如今不可不奉戒。我不是渠渠不是我。作得伊如狸奴白牯行復[42]却快活。你若一念異卽難爲修行。

---

42) 復이 송, 원, 명나라본에는 履로 되어 있다.

승려가 말하였다.

"어째서 한 생각이라도 특별하다는 생각이 있으면 수행했다 하기가 어렵습니까?"

대사가 말하였다.

"순간 특별하다는 한 생각에 수승하고 열등한 두 근거가 있게 되니, 망정의 소견으로 인과를 따르는 것이 아니겠는가? 다시 어떻게 자유로울 수가 있으랴."

"항상 화상의 설법을 듣건대 보신과 화신은 참 부처가 아니요, 설법하는 이도 아니라 하시니 무슨 뜻입니까?"

"인연으로 생긴 것이면 아니기 때문이다."

"보신, 화신이 참 부처가 아니라면 법신은 참 부처입니까?"

"벌써 응신(應身)[43]이 되었다."

승려가 말하였다.

"그러면 법신도 참 부처가 아니겠습니다."

曰云何一念異難爲修行。師曰。纔一念異便有勝劣二根。不是情見隨他因果。更有什麼自由分。曰每聞和尚說報化非真佛亦非說法者。未審如何。師曰。緣生故非。曰報化旣非真佛。法身是真佛否。師曰。早是應身也。曰若恁麼即法身亦非真佛。

---

43) 응신(應身) : 중생을 제도하기 위하여 중생의 근기에 맞는 모습으로 나타난 부처.

대사가 말하였다.

"법신이 참인가, 참이 아닌가는 나는 혀가 없어서 말할 수 없다. 그대가 나로 하여금 이르게끔 했다."

"삼신(三身)을 여의고 어떤 것이 참 부처입니까?"

"이 사람이 8, 90노인을 놀리는구나. 그대를 향해서 벌써 다 이야기했는데 무엇을 여의니, 여의지 않으니를 다시 물어서 허공에다 못을 박듯 하려 하는가?"

"듣건대 『화엄경』은 법신불이 말씀하셨다는데 무슨 뜻입니까?"

"그대는 아까부터 무엇이라 말했는가?"

그 승려가 다시 물으니, 대사가 돌아보면서 탄식하였다.

"법신이 설했다 했는데 그대는 어디서 듣는가?"

"저는 알지 못합니다."

"퍽 어려운 일이다, 퍽 어려운 일이야. 잘 가라. 안녕."

師曰。法身是真非真。老僧無舌不解道。你教我道即得。曰離三身外何法是真佛。師曰。這漢共八九十老人相罵。向你道了也。更問什麼離不離。擬把楔釘他虛空。曰伏承華嚴經是法身佛說如何。師曰。你適來道什麼語。其僧重問。師顧視歎曰。若是法身說。你向什麼處聽。曰某甲不會。師曰。大難大難。好去。珍重。

 토끼뿔

∽ "어째서 한 생각이라도 특별하다는 생각이 있으면 수행했다 하기가 어렵습니까?" 했을 때

대원은 "홍학이 물가에서 춤을 춘다." 하리라.

∽ "삼신(三身)을 여의고 어떤 것이 참 부처입니까?" 했을 때

대원은 "백마가 초원에서 풀 뜯는다." 하리라.

∽ "법신이 설했다 했는데 그대는 어디서 듣는가?" 했을 때

대원은 "물레방아다." 하리라.

조주(趙州) 종심(從諗) 화상 법어

종심 화상이 법상에 올라 말하였다.

"금부처는 용광로를 건너지 못하고, 나무부처는 불을 건너지 못하고, 흙부처는 물을 건너지 못하니, 참 부처는 마음속에 앉아 있다.

보리니 열반이니 진여니 불성이니 모두가 몸에 걸친 의복이어서 번뇌라고도 이름하니, 물을 것이 없으면 곧 번뇌라 할 것도 없다. 또한 실제 이치라한들 어느 곳에 두겠는가? 온통인 마음으로 남[生]이 없으면 만법이 허물이 없으니, 그대는 오직 이치를 궁구하기 위해 앉아 봐라. 20년이나 30년 만에도 도를 모른다면 내 목을 끊어라.

꿈이나 허깨비 같은 허공꽃을 무엇 하러 수고로이 잡으려 하랴.

趙州從諗和尚。上堂云。金佛不度鑪。木佛不度火。泥佛不度水。眞佛內裏坐。菩提涅槃眞如佛性盡是貼體衣服。亦名煩惱。不問即無煩惱。且實際理什麼處著得。一心不生萬法無咎。汝但究理坐看三二十年。若不會道截取老僧頭去。夢幻空華何勞把捉。

달라짐이 없는 마음이면 만 가지 법이 온통 여여할 것이니, 이미 밖에서 얻는 것이 아니거늘 다시 구애되고 집착해서 무엇 하랴.

마치 염소와 같이 분주하게 물건을 주워 입에다 넣는구나. 내가 약산(藥山) 화상의 도리를 보니, 어떤 사람이 묻기만 하면 입을 다물게 하였는데, 나도 입을 다물게 하리라. 나에게 이 청정함을 취하려는 것이 마치 사냥개가 오로지 무엇을 물려고 하는 것과 같으니, 불법이 어디에 있으랴.

이 속의 천 사람이 모두가 부처가 되려는 사람인데, 이 가운데 도인을 찾아도 한 사람도 없구나. 만약 도인이 없다면 공왕여래의 제자라 할지라도 마음병은 가장 고치기 어렵다고 가르치지는 말라.

세간이 생기기 전에도 벌써 이 성품은 있었고, 세계가 무너질 때에도 이 성품은 무너지지 않는다. 노승이 한 번 본 뒤로부터는 다른 사람이 아니요, 오직 하나의 주인공이었다.

心若不異萬法一如。旣不從外得。更拘執作什麼。如羊相似亂拾物安向口裏。老僧見藥山和尙道。有人問著者便敎合却口。老僧亦敎合却口。取我是淨。一似獵狗專欲喫物。佛法在什麼處。這裏一千人盡是覓作佛漢子。於中覓一箇道人無。若道人無若與空王爲弟子。莫敎心病最難醫。未有世間時早有此性。世界壞時此性不壞。從一見老僧後更不是別人。只是一箇主人公。

밖에서 물건을 찾아서 무엇 하랴. 정히 그럴 때에 머리를 굴리거나 뇌수를 바꾸려 하지 말라. 만약 머리를 굴리고 뇌수를 바꾸었다 하면 곧 잃은 것이다."

이때에 어떤 승려가 물었다.

"듣건대 스님께서 말씀하시기를 '세계가 무너질 때에도 이 성품은 무너지지 않는다.'라고 하셨다는데, 어떤 것이 이 성품입니까?"

대사가 말하였다.

"사대(四大)와 오음(五陰)이니라."

"그것은 여전히 무너지는 것입니다. 어떤 것이 이 성품입니까?"

"사대와 오음이니라."44)

這箇更用向外覓物作什麼。正恁麼時莫轉頭換腦。若轉頭換腦即失却去也。時有僧問。承師有言。世界壞時此性不壞。如何是此性。師曰。四大五陰。僧曰。此猶是壞底。如何是此性。師曰。四大五陰 (法眼云。是一箇兩箇是壞不壞。且作麼生會。試斷看)。

---

44) 법안(法眼)이 말하기를 "하나인가, 둘인가? 무너지는 것인가, 무너지지 않는 것인가? 어떻게 이해할까 판단해 봐라." 하였다. (원주)

 토끼뿔

"듣건대 스님께서 말씀하시기를 '세계가 무너질 때에도 이 성품은 무너지지 않는다.'라고 하셨다는데, 어떤 것이 이 성품입니까?" 했을 때

대원은 "날이 추우니 닭이 나무에 오른다." 하리라.

진주(鎭州) 임제(臨濟) 의현(義玄) 화상 법어

의현 화상이 대중에게 보이고 말하였다.

"요새 학인들은 자기의 진정한 견해를 밝게 알아야 한다. 만일 자기의 견해를 얻는다면 생사에 물들지 않고, 가고 옴에 자유로우리라. 남에게서 구하지 말지니 수승함이 스스로 갖추어져 있다.

지금 도류(道流)들이 미혹에 막히지 않고 활용하려면 바로 활용해야 하는데, 지금 병이 어디에 있는 것도 아니며, 병은 스스로를 믿지 않는 데 있다. 스스로의 믿음에 미치지 못하면 곧 어지러이 일체 경계에 끌린다.

대덕들이여, 만약 생각마다 쫓아 구해서 얻으려는 마음을 쉴 수만 있다면 조사와 다르지 않을 것이다. 그대들은 조사를 알고자 하는가?

鎭州臨濟義玄和尚。示眾曰。今時學人且要明取自己真正見解。若得自己見解。即不被生死染去住自由。不要求他⁴⁵⁾殊勝自備。如今道流且要不滯於惑。要用便用。如今不得病在何處。病在不自信處。自信不及即便忙忙徇一切境脫。大德若能歇得念念馳求心。便與祖師不別。汝欲識祖師麼。

---

45) 他와 殊勝 사이에 원나라본에는 殊勝이 들어가 있다.

그대들이 지금 법문을 듣는 바로 그것이다. 학인의 믿음이 미치지 못하여 문득 밖을 향해 설치고 구하니, 얻는 것은 오직 문자나 학문뿐이다. 조사와는 너무나 거리가 멀다. 그르치지 말라.

대덕들이여, 지금 만나지 못하면 만 겁이나 천생을 지나도록 삼계에 헤매면서 좋고 나쁜 경계를 따라 나귀와 소배때기에 들게 된다.

여러분이 옛 성인과 무엇이 다른가? 무엇이 부족한가? 여섯 갈래의 신령스러운 광채가 잠시도 끊일 사이가 없었다. 만일 이렇게 보면 일생의 일 없는 사람이다. 맑은 광채인 온통인 생각이 그대들 집안의 법신불(法身佛)이요, 분별없는 광채인 온통인 생각이 그대들의 보신불(報身佛)이요, 차별 없는 광채인 온통인 생각이 그대들의 화신불(化身佛)이다. 이 삼신이 곧 오늘 이 자리에서 법문을 듣는 주인공인데, 밖을 향해 구함이 없어야 이런 세 가지 공덕의 작용이 있다.

即汝目前聽法底是。學人信不及便向外馳求。得者只是文字學。與他祖師大遠在。莫錯。大德。此時不遇萬劫千生輪迴三界。徇好惡境向驢牛肚裏去也。如今諸人與古聖何別。汝且欠少什麼。六道神光未曾間歇。若能如此見。是一生無事人。一念淨光是汝屋裏法身佛。一念無分別光是汝報身佛。一念無差別光是汝化身佛。此三身即是今日目前聽法底人。為不向外求有此三種功用。

교리에 의하면 이 세 가지 이름을 극칙이라 하나, 나는 세 가지라 하지만 이름과 말 뿐이라 하노라. 몸은 뜻에 의하여 성립되고 국토는 본체에 의하여 관장되니, 법성신(法性身)과 법성토(法性土)라 하나, 빛그림자일 뿐임을 밝게 알라.

대덕들이여, 요컨대 깨달아 이 빛그림자를 가지고 노는 분들이 바로 부처님들의 근원이며, 일체 도를 배우는 무리들이 돌아와 의지하는 곳이다.

대덕들이여, 사대의 몸은 법을 설하거나 법을 들을 줄 모르고, 허공도 법을 설하거나 들을 줄 모른다. 지금 눈앞에 역력하게 홀로 밝아서 형체 없는 몸이라야 법을 말할 줄도 들을 줄도 안다.

그러기에 내가 그대들에게 말하기를 '오온의 몸 안에 지위 없는 참사람이 당당하게 드러나서 털끝만큼도 막힘이 없거늘 왜 모르는가?'라고 하였다.

據教三種名爲極則。約山僧道三種是名言。故云身依義而立。土據體而論。法性身法性土明知是光影。大德。且要識取。弄光影人是諸佛本源。是一切道流歸舍處。大德。四大身不解說法聽法。虛空不解說法聽法。是汝目前歷歷孤明勿形段者解說法聽法。所以山僧向汝道。五蘊身田內有無位眞人。堂堂顯露無絲髮許間隔。何不識取。

마음법은 형상이 없으나 시방을 관통하니, 눈에 있어서는 보고, 귀에 있어서는 듣고, 손에 있어서는 잡고, 발에 있어서는 다니는 것이다. 마음에 따르는 것이 없으면 해탈이다.

내가 보는 경지로는 보신과 화신불의 정수리에 앉은 십지(十地)의 마지막 지위라도 역시 나그네 신세요, 등각(等覺)과 묘각(妙覺)이라도 칼[枷]을 쓴 것과 같고, 나한이나 벽지불은 시궁창의 흙과 같고, 보리와 열반도 말을 매는 말뚝과 같으니, 왜 그렇겠는가? 삼아승지겁이 공한 줄 모르기 때문에 이런 장애가 있는 것이다.

만일 진정한 수행인이라면 모두 이렇지 않으리라. 지금 여러분을 위해 대략 말했으니 멀고 가까움을 스스로 보라. 세월은 아까운 것이니 제각기 노력하라. 안녕."

心法無形通貫十方。在眼曰見。在耳曰聞。在手執捉。在足運奔。心若不在隨處解脫。山僧見處。坐斷報化佛頂十地滿心猶如客作兒。等妙二覺如擔枷帶鎖。羅漢辟支猶如糞土。菩提涅槃繫驢馬橛。何以如斯。蓋爲不達三祇劫空有此障隔。若是眞道流盡不如此。如今略爲諸人大約話破。自看遠近。時光可惜。各自努力。珍重。

 토끼뿔

"대덕들이여, 지금 만나지 못하면 만 겁이나 천생을 지나도록 삼계에 헤매면서 좋고 나쁜 경계를 따라 나귀와 소배때기에 들게 된다."에 대해

어찌해야 만날 수 있겠는가?

재두루미 머리는 빨갛고
까마귀의 머리는 까맣다

현사(玄沙) 종일(宗一) 사비(師備) 대사 법어

사비 대사가 법상에 올라 말하였다.
"허공도 뜬 해도 모든 사람들에 의해 성립된 것이다. 허공이 있음은 보면서도 여러분은 어째서 눈에 가득해도 보지 못하고, 귀에 가득하여도 듣지 못하는가? 이 두 곳에서 살펴 깨닫지 못하면 그는 조는 놈이지만, 밝게 사무쳐 깨닫는다면 범부나 성인을 초월한 자리이고 삼계를 벗어난 자리이다.

꿈같고 허깨비 같은 몸이어서 인연이나 상대할 바늘끝만한 한 물건도 없다. 설사 모든 부처님이 나오셔서 무한한 신통변화를 부리고 허다한 교리를 설한다 하여도 털끝만큼도 도움이 되지 못하니, 처음 배우는 이에게는 오직 진실한 믿음의 문만이 도움이 될 뿐이다. 알겠는가?

玄沙宗一師備大師。上堂曰。太虛日輪是一切人成立。太虛見在諸人作麼生滿目覷不見。滿耳聽不聞。此兩處不省得便是瞌睡漢。若明徹得坐却凡聖。坐却三界。夢幻身心。無一物如針鋒許為緣為對。直饒諸佛出來作無限神通變現。設如許多教網未曾措著一分毫。唯助初學誠信之門。還會麼。

물·새·나무·숲들이 근본을 보여 주는데, 그것이 퍽 분명하거늘 스스로 듣는 사람이 적을 뿐이니 가볍게 여길 일이 아니다.

하늘의 마(魔)인 외도들은 은혜를 저버리고 이치를 등지고, 하늘과 인간 따위의 육취(六趣) 중생은 스스로 속고 스스로 미친 무리이며, 지금의 사문들은 이 일을 알지 못하여 뒤집힘을 이뤄 도리어 그림자에 희롱되는 사람이 되어서 생사의 바다를 넘나드니, 언제 쉬겠는가?

자기에게 다행히 이와 같이 광대한 문중의 가풍이 있거늘 이어받지 못하고, 도리어 오온으로 된 몸이 마음의 주인노릇을 하고 있으니 꿈엔들 보겠는가? 그토록 많은 전지(田地)에 누가 주재(主宰)를 짓는다고 가르치겠는가? 땅이 싣지 못하고 허공이 싸지 못하니 어찌 작은 일이겠는가?

水鳥樹林却解提綱。他甚端的。自是少人聽。非是小事。天魔外道是辜[46] 恩負義。天人六趣是自欺自誑。如今沙門不薦此事。翻成弄影漢。生死海裏浮沈幾時休息去。自家幸有此廣大門風不能紹繼得。更向五蘊身田裏作主宰。還夢見麼。如許多田地教誰作主宰。大地載不起。虛空包不盡。豈是小事。

---

46) 辜가 송. 원나라본에는 孤로 되어 있다.

만일 지금 이 속에 당장 사무쳐서 철저하게 되기를 요한다면, 인자(仁者)들은 티끌만한 크기의 한 법도 취하지도 말고, 털끝만한 한 법도 버리지도 말라. 알겠는가?"
이때에 어떤 승려가 물었다.
"위로부터의 종지(宗旨)가 어떠한 것입니까?"
대사가 말없이 보이자, 승려가 다시 물었다. 이에 대사가 꾸짖었다.

어떤 승려가 물었다.
"어떤 방편문으로 들어가야 학인이 깨달음에 들겠습니까?"
대사가 말하였다.
"들어가려는 것이 방편이다."

어떤 승려가 물었다.
"초심자가 오면 대사께서 어떻게 가리켜 보이십니까?"

若要徹即今這裏便明徹去。不敎仁者取一法如微塵大。不敎仁者捨一法如毫髮許。還會麼。時有僧問。從上宗旨如何。師默然。僧再問。師乃叱之。僧問。從何方便門令學人得入。師曰。入是方便。僧問。初心人來師如何指示。

대사가 말하였다.

"어느 곳에서 초심을 얻으려는가?"

어떤 승려가 물었다.

"학인이 처음으로 총림에 들어왔는데 스님께서 지도해 주십시오."

대사가 주장자로 가리키니, 승려가 말하였다.

"잘 모르겠습니다."

대사가 말하였다.

"내가 이토록 그대를 위해 주었는데도 여전히 남에게 굽신거리는가? 지금이라도 확실히 자기 분상의 일이라고 긍정한다면, 초심자로서 금방 총림에 들어왔든지 오랫동안 총림에 있었든지 말할 것도 없이 과거의 여러 부처님과 조금도 모자람이 없다고 하리라.

마치 큰 바닷물 속의 일체 고기나 용이 처음 나서 늙어 죽기까지 마시고 놀면서 수용하는 것이 모두 평등한 것과도 같이 '초발심자와 옛 부처님이 어깨를 겨루었다.'라고 하노라.

師曰。什麼處得初心來。僧問。學人創入叢林乞師提接。師以杖指之。僧曰。學人不會。師曰。我恁麼為汝却成抑屈於人。如今若的自肯當人分上。不論初學入叢林。可謂共諸人久踐。與過去諸佛無所乏少。如大海水一切魚龍初生至老吞吐受用悉皆平等。所以道初發心者與古佛齊肩。

그러나 그대들이 비롯함이 없는 여러 겁부터 온갖 망상을 부려 번뇌를 쌓아서 중병이 든 사람 같고, 마음이 미친듯 뒤얽혀 바쁘며, 뒤바뀌고 어지러운 소견으로 도무지 진실함이 없으니 어찌하랴. 지금 보는 일체 경계도 그러하니, 그대들이 대하는 모든 감관이 전도됨을 이룬다.

옛사람이 무궁한 묘약(妙藥)으로 고쳐주어 바로 십지에 이르게 한다지만, 또렷하게 깨닫지 못하면 퍽 어려운 일임을 알아야 한다. 옛사람은 부모를 잃은 것과 같이 생각했거늘 지금의 형제들은 등한히 여기는 듯 보이니, 어디 다른 사람이 그대들을 대신해서 깨달아 주랴.

아까운 시간을 헛되이 보내니 애석하구나. 자세하고 세밀하게 자신의 바탕을 궁구하여 자세히 관조해서 찾아 힘쓸 곳도 없는 경지에 이르면, 저절로 모든 인연을 쉬게 되리니 어찌 방해로우랴. 설사 싹이 트지 않았더라도 종자는 여전히 남아 있다.

奈何汝無始積劫動諸妄情結成煩惱。如重病人心狂熱悶。顚倒亂見都無實事。如今所覩一切境界皆亦如是。對汝諸根盡成顚倒。古人以無窮妙藥醫療對治。直至十地未得惺惺。將知大不容易。古人思惟如喪考妣。如今兄弟見似等閑。何處別有人爲汝了得。可惜時光虛度。何妨密密地自究子細觀尋。至無著力處。自息諸緣去。縱未發萌種子猶在。

만일 내 곁에 살면서 북이나 쳐서 죽과 밥의 힘에 희롱되어 모든 것을 취하면서, 장차 찰나에 생사를 물리치려 한다면, 그대의 일생을 속이는 것이니 무슨 이익이 있으랴. 반드시 잘 알아두어야 된다. 일이 없다. 안녕."

  若總取我傍家打鼓。弄粥飯氣力。將此造次排遣生死。賺汝一生有何所益。應須如實知取好。無事。珍重。

 토끼뿔

∽ "물·새·나무·숲들이 근본을 보여 주는데, 그것이 퍽 분명하거늘 스스로 듣는 사람이 적을 뿐이니 가볍게 여길 일이 아니다. 하늘의 마(魔)인 외도들은 은혜를 저버리고 이치를 등지고, 하늘과 인간 따위의 육취(六趣) 중생은 스스로 속고 스스로 미친 무리이며, 지금의 사문들은 이 일을 알지 못하여 뒤집힘을 이루어 도리어 그림자에 희롱되는 사람이 되어서 생사의 바다를 넘나드니, 언제 쉬겠는가?"에 대해

"어떻게 해야 그림자에 희롱되는 사람이 되지 않겠습니까?"하고 누가 묻는다면

대원은 "노자는 날 때 벌써 수염이 흰 분이다."하리라.

∽ "초심자가 오면 어떻게 가리켜 보이십니까?"했을 때

대원은 "말할 줄 아는 곳을 향해 돌이켜 봐라."하리라.

장주(漳州) 나한(羅漢) 계침(桂琛) 화상 법어

대사가 법상에 올라 대중이 오래 서 있으니, 대사가 말하였다.
"여러 상좌들이여, 고개를 숙이고 생각하지 말라. 생각으로는 미칠 수 없으므로 간택하지 말라 하노라. 입 댈 곳을 알았는가? 그대들은 어디에다 입을 대고자 하는가 말해 봐라. 그대가 가까이 할 어떤 한 법이라도 있는가? 그대가 멀어질 어떤 한 법이라도 있는가? 그대와 같거나 다를 것이 있는가? 이미 이러-하거늘 어째서 유달리 어렵게 여기는가?

대체로 대장부다운 남자가 못 되어 그럭저럭해서 조그마한 위광도 없으며, 조마조마하게 의근(意根)[47]을 간직하여 사람들이 물어볼까 두려워들 한다.

漳州羅漢桂琛和尚。上堂。大眾立久。師曰。諸上座。不用低頭思量。思量不及。便道不用揀擇。委得下口處麼。汝向什麼處下口。試道看。還有一法近得汝。還有一法遠得汝麼。同得汝異得汝麼。既然如是為什麼却特地艱難去。蓋為不丈夫男子。儜儜儞儞無些子威光。慼慼地遮護箇意根。恐怕人問著。

---

47) 의근(意根) : 육근(六根)의 하나. 온갖 마음의 작용을 이끌어 내는 근거를 이른다.

내가 항상 말하기를 '그대가 깨달아 사무친 곳이 있어 오로지 나니 남이니 하는 것을 여의었다면 드러내 보여라. 그대를 위해 시험해 주리라. 당장에 왜 수긍하지 않는가? 소발자국의 물을 바다로 여기지 말라. 불법은 항하사 세계에 두루했거늘 살덩이 위에다 허망하게 지견을 세워서 경지로 삼지 말라. 이는 보고 듣고 지각하고 아는 생각의 인연일 뿐이다. 그러므로 옳지 않다 할 것도 없다.'라고 하였다.

만일 그 속을 향해서 긍정했다 하더라도 '나는 진실하다'고 하면 곧 깨달은 것이 못 된다. 옛사람이 이르기를 '이 일은 오직 나를 아는 것이다.'라고 하였으니, 이것이 무슨 경지인가? 알겠는가? 혹시 그대가 나를 보고, 내가 그대를 보는 이것이겠는가? 잘못 알지 말라.

만일 그런 나라면 생멸을 따르리니, 몸이 있을 때는 있다가 몸이 없으면 없어진다.

我常道。汝若有達悟處。但去却人我披露將來。與汝驗過。直下作麼不肯。莫把牛迹裏水以爲大海。佛法遍周沙界。莫錯向肉團心上妄立知見以爲疆界。此見聞覺知識想情緣。然非不是。若向這裏點頭道我眞實即不得。只如古人道此事唯我能知。是何境界。還識得麼。莫是汝見我我見汝便是麼。莫錯會。若是遮箇我我隨生滅。身有即有身無即無。

그렇기에 옛 부처님께서 그대들을 위한 것을 오늘 말하니, 뛰어난 법이 있다고 하는 까닭에 뛰어난 법이 생기는 것이고, 뛰어난 법이 없다고 하는 까닭에 뛰어난 법이 없어지는 것이다. 공연한 말로 여기지 말라.

나고 죽는 일이 크다. 이 한 덩어리를 없애지 못하였기에 있는 곳마다 무너지고 펴는 일이 적지 않게 되었고, 소리와 색을 없애지 못하였기에 색·수·상·행·식에 있어서도 마찬가지로 여러분들이 뼈가 나오도록 힘들게 되었다.

또 오온이 본래 공하다고도 말하지 말라. 이것은 그대들이 말로만 해서 아는 공이 아니다. 그러므로 말하기를 '몸소 사무침을 얻고자 한다면 모름지기 진실해야 한다.'라고 하였다.

오늘 내가 근원을 깨달았다고 어찌 말할 수 있겠느냐고 하지도 않겠다.

所以古佛爲汝今日人說。異法有故異法出生。異法無故異法滅盡。莫將爲等閑。生死事大此一團子消殺不到。在處乖張不少。聲色若不破受想行識亦然。役得汝骨出在。莫道五陰本來空也。不由汝日便解空去。所以道。須得親徹須眞實也。不是今日老師始解作[48]麽道。

---

48) 作이 송. 원. 명나라본에는 恁으로 되어 있다.

옛 성인께서 말씀하시기를 '그대는 금강비밀부사의광명장(金剛秘密不思議光明藏)을 이루었다.'라고 하셨는데, 이는 건곤을 덮어 감싸고, 범부를 내고, 성인을 기르고, 고금을 꿰뚫는다는 것이니, 누군들 자격이 없으랴. 이미 이렇다면 다시 누구의 힘을 빌리랴.

그러므로 모든 부처님들이 자비로써 그대들이 어쩔 수 없음을 보시고 방편의 문호를 열어 진실상을 보여 주셨는데, 내가 이제 방편을 다 베풀었다. 그대들은 알겠는가? 모르겠거든 의근(意根)으로 헛것을 더듬지 말라."

어떤 승려가 물었다.
"위로부터의 종문(宗門)에 대하여 스님의 방편을 빕니다."
대사가 말하였다.
"방편은 없지 않으나 그대는 무엇을 종문이라 하는가?"
"그러면 학인이 공연히 이런 질문을 했습니다."
"그대에게 무슨 잘못이 있는가?"

他古聖告報。汝喚作金剛祕密不思議光明藏。覆蔭乾坤生凡育聖。亘古亘今誰人無分。既若如此更藉何人。所以諸佛慈悲見汝不奈何。開方便門示真實相。我今方便也汝還會麼。若不會莫向意根下捏怪。僧問。從上宗門乞師方便。師曰。方便即不無。汝喚什麼作宗門。曰恁麼即學人虛施此問。師曰。汝有什麼罪過。

"불법도 탁마를 받습니까?"

"어째서 받지 않겠는가?"

"어떻게 탁마하시겠습니까?"

"불법이니라."

"모든 행은 무상하여 이것은 생멸의 법이라 하니, 어떤 것이 불생불멸의 법입니까?"

"불생불멸은 무엇 하려는고?"

"조금이라도 헤아리려 하면 곧 멀어진다 하니, 헤아리지 않을 때에는 어떠합니까?"

"헤아린들 어찌 멀어지랴."

"그러면 저절로 상처 아문 흔적이 없겠습니다."

"입을 닥쳐라."

問佛法還受雕琢也無。師曰。作麼不受。曰如何雕琢。師曰。佛法。問諸行無常是生滅法。如何是不生不滅法。師曰。用不生不滅作麼。問才擬是過不擬時如何。師曰。擬有什麼過。曰恁麼即便自無瘡也。師曰。合取口。

"모든 경계 가운데서 무엇으로 주인을 삼습니까?"

"어떤 것이 모든 경계인가?"

"의심하는 곳이 바로 그것이 아니겠습니까?"

"의심하는 곳을 가지고 오라."

"바로 그럴 때에는 무엇이겠습니까?"

"그렇지 않을 때에는 무엇이겠는가?"

"학인은 말할 수가 없습니다."

"입 안에 가득한 것이 무엇인가?"

대사가 또 말하였다.

"여러분이 아침부터 저녁까지 이렇게 올라왔다 내려가지만 다만 그 소리와 색에 미혹되어서 몸과 마음이 편하지 않다. 만일 소리와 색과 이름과 글자라면 불법이 아니니, 다시 무엇을 의심하는가?"

問諸境中以何爲主。師曰。那箇是諸境。曰莫是疑處是麼。師曰。把將疑處來。問正恁麼時是什麼。師曰。不恁麼時是什麼。曰學人道不得。師曰。口裏是什麼塞却。師又曰。諸人朝晡恁麼上來下去。也只是被些子聲色惑亂身心不安。若是聲色名字不是佛法。又疑伊什麼。

또한 불법은 소리와 색과 이름과 글자가 아니거늘, 그대는 어째서 몸과 마음을 거기에다 매어 두려 하는가? 만일 소리와 색과 이름과 글자라면 모두가 소리와 색과 이름과 글자요, 불법이라면 모두가 불법이다. 알겠는가? 뛰어난 소리는 소리라 할 것이 없고, 뛰어난 색은 색이라 할 것이 없으며, 글자를 떠나서는 이름이 없고, 이름을 떠나서는 글자가 없다. 시험삼아 말머리를 점찍어 봐라.

그토록 많은 소리와 색과 이름과 글자는 무엇으로부터 색이라 하며, 무엇으로써 이름을 이루는가? 삼계가 이러-히 그윽하여 나올 곳을 찾아도 얻을 수 없거늘, 어째서 특별한 바탕이라 어렵다고들 하는가?

다만 여러 사람들이 제 스스로 뒤바뀐 생각을 내어 항상함을 아주 없는 것이라 여기고, 깨달음에서 멀어져 진실을 미혹하여 망령되게도 밖을 향해 분주히 구하면서 억지로 다른 소견을 내기 때문이다.

若是佛法不是聲色名字。汝又作麼生擬把身心湊泊伊。若是聲色名字。總是聲色名字。若是佛法總是佛法。會麼。異聲無聲。異色無色。離字無名。離名無字。試把舌頭點看。有多少聲色名字。自何而色以何為名。三界如是崢嶸尚覓出頭不得。因什麼却特地難為去。只為諸人自生顛倒。以常為斷悟假迷真。妄外馳求強捏異見。

종일토록 사람들과 함께 헤아릴 때에는 불법이 있는 듯 하지만 사람들과 헤아리지 않을 때에는 세간의 한가한 사람일 뿐이다. 이 속에 이르러 말하니, 불법을 겨우 들려 하면 마음으로 헤아려 이른 것이어서 곧 어긋나고, 생각을 움직인 것이어서 곧 무너진다. 평소의 모든 곳에서 원래 입 없는 물레와 같으면 모두 어긋남이 없다.

불법의 일은 하루씩 거르는 학질이 아니니, 모든 것은 그대들의 미친 의식과 범부의 정으로 말미암아 어긋났다거나 어긋나지 않았다고 하는 알음알이인 것이다.

홀연히 내가 방망이를 들어 등을 툭툭 치면 문득 뜻을 일으켜 헤아리면서 돌아보거나, 아니면 내가 비를 들고 동쪽과 서쪽을 쓰는 것을 보고서 얼른 제각기 속으로 짐작하는데, 그대들은 장작을 패는 평범한 일에서는 어찌하여 이를 돌아보지 않고 부르는 사이에 얼른 깨닫지 못하는가?

終日共人商量便有佛法。不與人商量便是世間閑人。話到這裏才舉著佛法。便道擬心即差。動念即乖。尋常諸處元無口似紡車。總便不差去。佛法事不是隔日瘧。皆由汝狂識凡情作差與不差解。忽然見我拈箇搥子搥背。便作意度顧覽。不然見我把箇箒子掃東掃西。便各照管。是汝尋常打柴。何不顧覽招呼便悟去。

상좌들이여, 불법은 의근(意根)아래 가죽 포대 속에서 헤아리는 것이 아니니, 그대들 자신을 속이는 것이다. 나는 초심자들을 얽어매거나 후학들을 속박시키려 하지 않는다. 제각기 잘 궁구해 봐라. 일이 없다. 안녕."

上座佛法莫向意根下皮袋裏作測度。汝成自賺。我不敢網絆初心籠罩後學。各自究去無事。珍重。

 토끼뿔

"모든 경계 가운데서 무엇으로 주인을 삼습니까?" 했을 때

대원은 "남산에 타워니라." 하리라.

대법안(大法眼) 문익(文益) 선사 법어

문익 선사가 법상에 올라 말하였다.
"여러 상좌들이여, 날씨가 추운데 무엇 하러 올라왔는가?
말해 봐라. 올라와야 좋은가, 올라오지 않아야 좋은가? 혹 어떤 상좌는 말하기를 '올라오지 않는 것이 좋다. 어디가 좋지 않은 곳이 있다고 다시 여기까지 와서 무엇 하려는가?'라고 하고, 어떤 상좌는 말하기를 '그렇게만 해서는 안 된다. 화상께 꼭 와야 된다.'라고 하니, 여러 상좌들이여, 말해 봐라. 이 두 사람이 불법 안에서 얻은 바가 있다 하겠는가?
상좌들이여, 진실로 얻을 것도 없으니 취할 것이 조금도 없어 옛 사람이 말하기를 '구멍 없는 무쇠 방망이나 살아 있는 소경이나 살아 있는 벙어리와 다르지 않다.'라고 하였다.

大法眼文益禪師。上堂曰。諸上座時寒何用上來。且道上來好不上來好。或有上座道。不上來却好什麼處不是。更用上來作什麼。更有上座道。是伊也不得一向。又須到和尚處始得。諸上座且道這兩箇人於佛法中還有進趣也未。上座。實是不得並無少許進趣。古人喚作無孔鐵鎚。生盲生聾無異。

만일 다른 어떤 상좌가 나서서 말하기를 '그 두 사람이 모두 얻지 못했다. 왜 그렇겠는가? 그가 집착했기 때문이다. 그러므로 얻지 못했다.'라고 한다면, 여러 상좌들이여, 모두 이렇게 행각(行脚)하고 이렇게 헤아려서 무엇을 도모하자는 것인가? 입술만을 까부는 것인가? 달리 특별히 도모한 것이 있는가?

그가 집착했다 했는데 무엇을 집착했다는 것인가? 이변에 집착했다는 것인가? 사변에 집착했다는 것인가? 색에 집착했다는 것인가? 공에 집착했다는 것인가? 만약 이변이라면 이변에 또한 어떻게 집착했다는 것이며, 만약 사변이라면 사변에 또한 어떻게 집착했다는 것인가? 색과 공에 집착하는 것 또한 그렇다.

그러므로 내가 평소에 여러 상좌들에게 말하기를 '시방의 부처님과 시방의 선지식이 항상 손을 드리우고, 여러 상좌들은 항상 그 손을 잡고 있으니, 시방의 부처님들이 손을 드리우실 때 어디가 상좌들이 항상 손을 잡는 곳인가?'라고 하였다.

若更有上座出來道。彼二人總不得。爲什麼如此。爲伊執著所以不得。諸上座總似恁麼行脚。總似恁麼商量。且圖什麼。爲復只要弄脣嘴。爲復別有所圖。恐伊執著且執著什麼。爲復執著理執著事執著色執著空。若是理理且作麼生執。若是事事且作麼生執。著色著空亦然。山僧所以尋常向諸上座道。十方諸佛十方善知識時常垂手。諸上座時常接手。十方諸佛垂手時有也。什麼處是諸上座時常接手處。

알 만한 경지가 있어 알면 좋고, 알지 못하겠거든 모두 다 안다고 하지 말라.

여러 상좌들이여, 이리저리 행각을 다닐 때에도 정신을 바짝 차려서 조그마한 지혜를 믿고 세월을 헛보내지 말라. 내가 대중에 있을 때에 이런 무리를 많이 보았다.

또 어떤 상좌들은 자기 주변의 것도 알지 못하면서 이쪽저쪽으로 향해 다니면서 동서에서 듣고서는, 이야기만 했다 하면 자기의 흉금에서 나오는 말이라고 남에게 말해 주면서 다른 이의 주해를 가지고 자기의 안목이라 한다. 상좌들이여, 모두 이렇게 행각하면 자기를 속일 뿐만 아니라 남도 속이는 것이다.

삼가 여러 상좌들에게 권하니, 도의 눈을 밝혀 가지는 것이 좋겠다. 죽이나 밥을 먹고 쌓은 변변치 않은 지혜는 믿을 것이 못 된다.

還有會處會取好。若未會得莫道。總是都來圓取。諸上座傍家行脚。也須審諦著些精彩。莫只藉少智慧過却時光。山僧在眾見此多矣。更有一般上座。自己東西猶未知。向這邊那邊東聽西聽。說得少許以爲胸襟。仍爲他人注脚。將爲自己眼目。上座總似這箇行脚。自賺亦乃賺他。奉勸諸上座。且明取道眼好。些子粥飯智慧不足可恃。

세간에서 갖가지 못된 업을 짓고 지옥에 든 이는 겁의 수효가 있으므로 벗어날 기약이 있지만, 남의 눈을 잘못 열어주고 지옥에 떨어지면 캄캄하고 아득한 어둠 속에서 벗어날 기약이 없다. 예사로운 일로 여기지 말라.

삼가 여러 상좌들에게 권하니, 옛 성인의 자비 법문에 의지하라. 옛 성인들이 보인 모든 경지는 오직 스스로의 마음을 보인 것이니, 조사께서 말씀하시기를 '바람이나 기가 움직이는 것이 아니라 그대의 마음이 움직이는 것이다.'라고 하셨다. 다만 그렇게 아는 것이 좋다. 따로 가까이 친할 곳이 없다."

대사는 말없이 보이고 다시 말하였다.

"여러 상좌들이여, 헐뜯어도 좋고 반박해도 좋다."

이때에 어떤 승려가 물었다.

"학인은 다른 일을 위하지 않으니 스님께서 바로 말씀해 주십시오."

若是世間造作種種非違之事。入地獄猶有劫數且有出期。若是錯與他人開眼目。陷在地獄冥冥長夜無有出期。莫將為等閑。奉勸且依古聖慈悲門好。他古聖所見諸境唯見自心。祖師道。不是風動旛動仁者心動。但且恁麼會好。別無親於親處也。師良久又云。諸上座貶也得剝也得。時僧問。學人不為別事請師直道。

대사가 말하였다.
"그대는 다른 일을 위하지 않는구나."

"어떤 것이 생멸하지 않는 마음입니까?"
"어떤 것이 생멸하는 마음이던가?"
"그렇지만 학인이 보지 못하는 데야 어찌 하겠습니까?"
"그대가 보지 못한다면 생멸하지 않는 것이라 해도 옳지 않다."

"어떤 것이 불법의 대의입니까?"
"당장 깨달아 취하라."
"옛사람이 누가 오는 것을 보자 선뜻 '잃었구나.'라고 외쳤으니 옛사람의 뜻이 어떠합니까?"
"네가 믿지 못해서 그저 다른 사람에게 묻는구나."

"유마와 문수가 마주 이야기한 일이 무엇입니까?"
"그대는 총명이 방해롭지 않다."

師曰。汝是不爲別事。問如何是不生不滅底心。師曰。那箇是生滅底心。僧曰。爭奈學人不見。師曰。汝若不見不生不滅底也不是。問如何是佛法大意。師曰。便會取。問古人纔見人恁麼來便叫失也古人意如何。師曰。汝不信但問別人。問維摩與文殊對談何事。師曰。汝不妨聰明。

"법이 법성과 같아야 모든 법을 받아들인다고 한 옛 사람의 뜻이 무엇입니까?"
"그대는 행각하는 승려다."

"어떤 것이 깨달아 수행하는 사람입니까?"
"그대는 어떤 사람인가?"
"그러면 인과에 떨어지지 않겠습니다."
"들여우의 울음소리를 내지 말라."

"근본을 알아 근원에 돌아갈 때에는 어떠합니까?"
"부질없는 말이다."

"밝고 어두움을 분간하지 못할 때에는 어떠합니까?"
"무엇이라 말하는가?"

問法同法性入諸法故古意如何。師曰。汝是行脚僧。問如何是解修行底人。師曰。汝是什麼人。曰恁麼即不落因果也。師曰。莫作野干鳴。問識本還源時如何。師曰。謾語。問明暗不分時如何。師曰。道什麼。

"어떤 것이 경계에 마주치면 자주 일어나는 마음입니까?"
"바로 말해 버린 것과 같다."

"어떤 것이 학인의 본분의 일입니까?"
"가리켜 보여 주어서 고맙다."

"결택할 때에 얇은 얼음을 밟듯 하라 하니, 어떻게 결택하겠습니까?"
"그대가 의심하게 되면 그때에 말하리라."
"학인은 지금 당장 의심스럽습니다."
"예끼, 누구냐?"

"위로부터의 종승을 어떻게 밝히리까?"
"우레 소리는 퍽 요란한데 빗방울은 전혀 없구나."

"어떤 것이 말후구(末後句)입니까?"
"괴롭다."

問如何是對境數起底心。師曰。恰道著。問如何是學人本分事。師曰。謝指示。問決擇之次如履輕氷如何決擇。師曰。待汝疑即道。曰學人即今疑。師曰。嚇阿誰。問從上宗乘如何履踐。師曰。雷聲甚大雨點全無。問如何是末後句。師曰。苦。

"어떤 것이 현묘한 말과 묘한 뜻입니까?"
"현묘한 말과 묘한 뜻은 무엇 하려는가?"

"어떤 것이 곧은 길입니까?"
"그 물음에 합당하기 어려울까 걱정 되는구나."

"듣건대 부처님의 참 법신은 허공과 같으나, 물건에 응하여 형상을 나투는 것이 마치 물속의 달과 같다 하니, 어째서 그렇게 됩니까?"
"어째서 그렇게 되었는가?"

"경전에 이르기를 '부처님께서 한 소리로 법을 설하시면 중생은 종류에 따라 각각 다르게 알아듣는다.'라고 하는데, 학인은 어떻게 알아야 되겠습니까?"

問如何是玄言妙旨。師曰。用玄言妙旨作什麼。問如何是直道。師曰。恐難副此問。問承教有言。佛真法身猶若虛空。應物現形如水中月。如何得恁麼。師曰。如何得恁麼。問教云。佛以一音演說法。眾生隨類各得解。學人如何解。

대사가 말하였다.

"그대는 매우 잘 알았다."

대사가 또 말하였다.

"이 물음은 벌써 옛사람의 말을 모른 것이다. 어째서 그대에게 '그대가 매우 잘 알았다'고 했겠는가? 어디가 그대가 안 곳인가? 그대의 분수 안에서 그것을 수긍해준 것이 아닌가? 그대가 물을 줄도 모르기 때문에 그대에게 반격한 것인가? 진실로 이 이치를 모른다면 행여 잘못 알지 말라.

이 두 가지로 아는 것을 제하고 달리 어떻게 헤아리겠는가? 여러 상좌들이 이 말을 안다면 바로 여러 성인들의 총지문(總持門)을 아는 것이라 하리라. 그러면 어떻게 알아야 되겠는가?

만일 한 음성으로 설하는 것은 알겠으나, 종류에 따라 제각기 다르게 안다는 말은 모르겠다고 한다면, 이런 말이 허물이 있겠는가? 허물없는 말이겠는가? 잘못 알지 말라.

師曰。汝甚解。師又曰。此問已是不會古人語也。因什麼却向伊道汝甚解。何處是伊解處。莫是於伊分中便點與伊麼。莫是為伊不會問却反射伊麼。且素非此理。慎莫錯會。除此兩會別又如何商量。諸上座若會得此語也。即會得諸聖總持門。且作麼生會。若也會得一音演說不會隨類各解。恁麼道莫是有過無過說麼。莫錯會好。

이미 이렇게 알 수 없는 것이라면 어째서 한 음성으로 설하면서 종류에 따라 제각기 다르게 안다고 말했겠는가? 나아갈 곳이 있어야 비로소 깨닫는다. 매일같이 공연히 올라왔다 내려갔다 하면서 세상일을 대하듯 말고, 도안(道眼)으로 궁구해야만 비로소 깨닫는다. 옛사람이 말하기를 '온갖 음성은 부처님의 음성이요, 온갖 색은 부처님의 색이다.'라고 했거늘, 어째서 그렇게 알지 못하는가?"

어떤 승려가 물었다.
"멀리서 명성을 듣고 찾아왔으니 스님께서 한번 지도해 주십시오."
대사가 말하였다.
"그대가 찾는 것은 어떤 소리인가? 승려의 소리인가, 속인의 소리인가? 범부의 소리인가, 성인의 소리인가? 알아볼 곳이 있겠는가?"

既不恁麼會。作麼生說一音演說隨類得解。有箇去處始得。每日空上來下去。又不當得人事。且究道眼始得。他古人道。一切聲是佛聲。一切色是佛色。何不且恁麼會取。僧問。遠遠尋聲請師一接。師曰。汝尋底是什麼聲。是僧聲是俗聲是凡聲是聖聲。還有會處麼。

만일 진실로 알지 못한다면 상좌여, 와글와글하는 것이 소리요, 우글우글하는 것이 색이니, 소리와 색을 어쩔 수 없다. 예사로운 일로 여기지 말라.

상좌들이여, 만일 깨달아 안다면 그대로 진실이지만, 모른다면 그대로가 허깨비이며, 만약 깨달아 알았다 하면 곧 이것은 허깨비요, 만약 또한 아는 것마저 없다면 그대로가 진실이다.

옛사람이 또한 모든 것을 초월했다는 것마저 세우지 않는 자리라야 도라 하였고, '오직 나를 알 뿐이다.'리고 하였으니, 이 밖에는 따로 계교를 지을 곳이 없다.

상좌들이여, 이룸과 이루지 못함이 어디서 나왔으며, 옳고 옳지 못함이 어디서 나왔는가?

이변에는 드러내지 못할 사변이 없고, 사변에는 사용하지 않는 이변이 없으니, 이변과 사변이 둘이 아니어서, 사변도 아니고 이변도 아니며, 이변도 아니고 사변도 아니다.

若也實不會。上座吵吵是聲吵吵是色。聲色不奈何。莫將為等閑。上座若會得即是真實。若不會即是幻化。若也會得即是幻化。若也不會即是真實。他古人亦向上座道。唯我能知。除此外別無作計校處。上座成不成從何而出。是不是從何而出。理無事而不顯。事無理而不消。事理不二不事不理不理不事。

이렇게 주석을 내어서 상좌들에게 주어도 여전히 모른다면 차라리 옛말에 의지하는 것만 못하다. 옛사람들은 상좌들에게 백 가지로 보여도 얻지 못하므로 자비를 드리워 그대들을 위해 말하기를 '부처를 가지고 부처를 들으면서도 왜 스스로 듣는 놈을 듣지 못하는가.'라고 하였다. 일이 없다. 안녕."

恁麼注解與上座。若更不會不如且依古語好。他古人見上座百般不得。所以垂慈向汝道。將聞持佛佛。何不自聞聞。無事珍重。

 토끼뿔

∽ "어디가 상좌들이 항상 손을 잡는 곳인가?" 했을 때

대원은 "좌구가 누설한다." 하리라.

∽ "학인은 다른 일을 위하지 않으니, 스님께서 바로 말씀해 주십시오." 했을 때

대원은 "삼일과 팔일은 장날이다." 하리라.

∽ "유마와 문수가 마주 이야기한 일이 무엇입니까?" 했을 때

대원은 "봄은 꽃피는 계절이다." 하리라.

∽ "법이 법성과 같아야 모든 법을 받아들인다고 한 옛 사람의 뜻이 무엇입니까?" 했을 때

대원은 "방석이 일러 마쳤다." 하리라.

∽ "근본을 알아 근원에 돌아갈 때에는 어떠합니까?" 했을 때

대원은 "안 것이 없다." 하리라.

∽ "어떤 것이 경계에 마주치면 자주 일어나는 마음입니까?" 했을 때

대원은 "그런 말이니라." 하리라.

∽ "어떤 것이 현묘한 말과 묘한 뜻입니까?" 했을 때

대원은 "거북털과 토끼뿔이니라." 하리라.

༺ "어떤 것이 곧은 길 입니까?" 했을 때

대원은 엄지를 세우다.

༺ "경전에 이르기를 '부처님께서 한 소리로 법을 설하시면 중생은 종류에 따라 각각 다르게 알아듣는다.'라고 하는데, 학인은 어떻게 알아야 되겠습니까?" 했을 때

대원은 "어떻게 보았느냐?" 하리라.

색 인 표

ㄱ

가경(제9세)(24권)
가관 선사(19권)
가나제바(2권)
가문 선사(16권)
가비마라(1권)
가선 선사(26권)
가섭불(1권)
가야사다(2권)
가지 선사(10권)
가홍 선사(26권)
가훈 선사(26권)
가휴 선사(19권)
가휴(제2세)(24권)
간 선사(22권)
감지 행자(10권)
감홍 선사(15권)
강 선사(21권)
거방 선사(4권)
거회 선사(16권)
건봉 화상(17권)
계학산 화상(19권)
견숙 선사(8권)
겸 선사(20권)
경 선사(23권)
경산 감종(10권)
경산 홍인(11권)
경상(관음원)(26권)
경상(숭복원)(26권)
경소 선사(26권)
경여(제2세)(24권)
경잠 초현(10권)
경조 현자(17권)
경조미 화상(11권)
경준 선사(25권)
경진 선사(26권)
경탈 화상(22권)
경탈 화상(29권)

경통 선사(12권)
경현 선사(26권)
경혜 선사(15권)
경흔 선사(16권)
계눌 선사(21권)
계달 선사(24권)
계변 선사(19권)
계여 암주(21권)
계유 선사(23권)
계조 선사(25권)
계종 선사(24권)
계침 선사(21권)
계허 선사(10권)
고 선사(12권)
고사 화상(8권)
고정 화상(10권)
고정간선사(16권)
고제 화상(9권)
곡산 화상(23권)
곡산장 선사(16권)
곡은 화상(15권)
공기 화상(9권)
곽산 화상(11권)
관계 지한 선사(12권)
관남 장로(30권)
관음 화상(22권)
관주 나한(24권)
광 선사(14권)
광과 선사(23권)
광달 선사(25권)
광덕(제1세)(20권)
광목 선사(12권)
광법 행흠(24권)
광보 선사(13권)
광산 화상(23권)
광오 선사(22권)
광오(제4세)(17권)
광용 선사(12권)

광우 선사(24권)
광원 화상(26권)
광인 선사(15권)
광인 선사(17권)
광일 선사(20권)
광일 선사(25권)
광제 화상(20권)
광징 선사(8권)
광혜진 선사(13권)
광화 선사(20권)
괴성 선사(26권)
교 화상(12권)
교연 선사(18권)
구 화상(24권)
구나함모니불(1권)
구류손불(1권)
구마라다(2권)
구봉 도건(16권)
구봉 자혜(11권)
구산 정원(10권)
구산 화상(21권)
구종산 화상(15권)
구지 화상(11권)
굴다삼장(5권)
귀 선사(22권)
귀본 선사(19권)
귀신 선사(23권)
귀인 선사(20권)
귀정 선사(13권)
귀종 지상(7권)
규봉 종밀(13권)
근 선사(26권)
금륜 화상(22권)
금우 화상(8권)
기림 화상(10권)

ㄴ

나찬 화상(30권)

나한 화상(11권)
나한 화상(24권)
낙보 화상(30권)
남대 성(21권)
남대 화상(20권)
남악 남대(20권)
남악 회양(5권)
남원 화상(12권)
남원 화상(19권)
남전 보원(8권)
낭 선사(23권)
내 선사(22권)
녹 화상(21권)
녹수 화상(11권)
녹원 화상(13권)
녹원휘 선사(16권)
녹청 화상(15권)

ㄷ

다복 화상(11권)
단기 선사(23권)
단하 천연(14권)
달 화상(24권)
담공 화상(12권)
담권(제2세)(20권)
담명 화상(23권)
담장 선사(8권)
담조 선사(10권)
담최 선사(4권)
대각 선사(12권)
대각 화상(12권)
대동 선사(15권)
대랑 화상(23권)
대력 화상(24권)
대령 화상(17권)
대모 화상(10권)
대범 화상(20권)
대비 화상(12권)

색인표 211

색 인 표

대승산 화상(23권)	도자 선사(26권)	만세 화상(9권)	문습 선사(24권)
대안 선사(9권)	도잠 선사(25권)	만세 화상(12권)	문언 선사(19권)
대양 화상(8권)	도전 선사 (17권)	명 선사(17권)	문의 선사(21권)
대육 선사(7권)	도전(제12세)(24권)	명 선사(22권)	문익 선사(24권)
대의 선사(7권)	도제(제11세)(26권)	명 선사(23권)	문흠 선사(22권)
대전 화상(14권)	도통 선사(6권)	명교 선사(22권)	문희 선사(12권)
대주 혜해(6권)	도한 선사(17권)	명달소안(제4세)(26)권	미령 화상(12권)
대천 화상(14권)	도헌 선사(22권)	녕법 대사(21권)	미령 화상(8권)
덕겸 선사(23권)	도행 선사(6권)	명변 대사(22권)	미선사(제2세)(23권)
덕부 스님(29권)	도헌 선사(12권)	명식 대사(22권)	미차가(1권)
덕산 선감(15권)	도흠 선사 (25권)	명오 대사(22권)	미창 화상(12권)
덕산(제7세)(20권)	도흠 선사(4권)	명원 선사(21권)	미창 화상(14권)
넉소 국사(25권)	도흠(제2세)(24권)	명진 대사(19권)	민덕 화상(12권)
덕해 선사(22권)	도회 선사(21권)	명진 선사(21권)	
도 선사(21권)	도회 선사(22권)	명철 선사(7권)	ㅂ
도간(제2세)(20권)	동계 화상(20권)	명철 선사(14권)	바사사다(2권)
도건 선사(23권)	동봉 암주(12권)	명혜 대사(24권)	바수밀(1권)
도견 선사(26권)	동산 양개(15권)	명혜 선사(22권)	바수반두(2권)
도겸 선사(23권)	동산혜 화상(9권)	모 화상(17권)	박암 화상(17권)
도광 선사(21권)	동선 화상(19권)	자사진조(12권)	반산 화상(15권)
도단 선사(26권)	동안 화상(8권)	몽계 화상(8권)	반야다라(2권)
도림 선사(4권)	동안 화상(16권)	몽필 화상(19권)	방온 거사(8권)
도명 선사(4권)	동정 화상(23권)	묘공 대사(21권)	배도 선사(30권)
도명 선사(6권)	동천산 화상(20권)	묘과 대사(21권)	배휴(12권)
도부 선사(18권)	동탑 화상(12권)	무등 선사(7권)	백거이(10권)
도부 대사(19권)	둔유 선사(17권)	무료 선사(8권)	백곡 화상(23권)
도상 선사(10권)	득일 선사(21권)	무업 선사(8권)	백령 화상(8권)
도상 선사(25권)	등등 화상(30권)	무염 대사(12권)	백수사화상(16권)
도수 선사(4권)		무원 화상(15권)	백운 화상(24권)
도신 대사(3권)	ㄹ	무은 선사(17권)	백운약 선사(15권)
도연 선사(20권)	라후라다(2권)	무일 선사(24권)	범 선사(20권)
도오(관남)(11권)		무주 선사(4권)	범 선사(23권)
도오(천황)(14권)	ㅁ	무휴 선사(20권)	법건 선사(26권)
도원 선사(26권)	마나라(2권)	문 화상(22권)	법괴 선사(26권)
도유 선사(17권)	마명 대사(1권)	문수 선사(17권)	법단 대사(11권)
도은 선사(21권)	마조 도일(6권)	문수 선사(25권)	법달 선사(5권)
도은 선사(23권)	마하가섭(1권)	문수 화상(16권)	법등 태흠(30권)
도응 선사(17권)	만 선사(22권)	문수 화상(20권)	법만 선사(13권)

색 인 표

법보 선사(22권)
법상 선사(7권)
법운 대사(22권)
법운공(27권)
법융 선사(4권)
법의 선사(20권)
법제 선사(23권)
법제(제2세)(26권)
법지 선사(4권)
법진 선사(11권)
법해 선사(5권)
법현 선사(24권)
법회 선사(6권)
변륭 선사(26권)
변실(제2세)(26권)
보 선사(22권)
보개산 화상(17권)
보개약 선사(16권)
보광 혜심(24권)
보광 화상(14권)
보리달마(3권)
보만 대사(17권)
보명 대사(19권)
보문 대사(19권)
보봉 신당(17권)
보봉 화상(15권)
보수 화상 (12권)
보수소 화상(12권)
보승 선사(24권)
보안 선사(9권)
보운 선사(7권)
보응 화상(12권)
보적 선사(7권)
보지 선사(27권)
보철 선사(7권)
보초 선사(24권)
보화 화상(10권)
보화 화상(24권)

복계 화상(8권)
복룡산(제1세)(17권)
복룡산(제2세)(17권)
복룡산(제3세)(17권)
복림 선사(13권)
복분 암주(12권)
복선 화상(26권)
복수 화상(13권)
복타밀다(1권)
본계 화상(8권)
본동 화상(14권)
본선 선사(26권)
본인 선사(17권)
본정 선사(5권)
봉 선사(11권)
봉 화상(23권)
봉린 선사(20권)
부강 화상(11권)
부나야사(1권)
부배 화상(8권)
부석 화상(11권)
불암휘 선사(12권)
불여밀다(2권)
불오 화상(8권)
불일 화상(20권)
불타 화상(14권)
불타난제(1권)
붕언 대사(26권)
비 선사(20권)
비구니 요연(11권)
비마암 화상(10권)
비바시불(1권)
비사부불(1권)
비수 화상(8권)
비전복 화상(16권)

ㅅ

사 선사(23권)

사건 선사(17권)
사구 선사(26권)
사귀 선사(22권)
사내 선사(19권)
사눌 선사(21권)
사명 선사(12권)
사명 화상((15권)
사밀 선사(23권)
사보 선사(23권)
사선 화상(16권)
사야다(2권)
사언 선사(17권)
사욱 선사(18권)
사위 선사(20권)
사자 존자(2권)
사정 상좌(21권)
사조 선사(10권)
사지 선사(26권)
사진 선사(22권)
사해 선사(11권)
사호 선사(26권)
삼상 화상(20권)
삼성 혜연(12권)
삼양 암주(12권)
상 선사(22권)
상 화상(22권)
상각 선사(24권)
상관 선사(9권)
상나화수(1권)
상전 화상(26권)
상진 선사(23권)
상찰 선사(17권)
상통 선사(11권)
상혜 선사(21권)
상홍 선사(7권)
서 선사(19권)
서륜 선사(25권)
서목 화상(11권)

서선 화상(10권)
서선 화상(20권)
서암 화상(17권)
석가모니불(1권)
석경 화상(23권)
석구 화상(8권)
석두 희천(14권)
석루 화상(14권)
석림 화상(8권)
석상 경제(15권)
석상 대선 (8권)
석상 성공(9권)
석상휘 선사(16권)
석제 화상(11권)
석주 화상(16권)
선각 선사(8권)
선도 선사(20권)
선도 화상(14권)
선미(제3세)(26권)
선본 선사(17권)
선상 대사(22권)
선소 선사(13권)
선소 선사(24권)
선자 덕성(14권)
선장 선사(17권)
선정 선사(20권)
선천 화상(14권)
선최 선사 (12권)
선혜 대사(27권)
설봉 의존(16권)
성공 선사(14권)
성선사(제3세)(20권)
성수엄 선사(17권)
소 화상(22권)
소계 화상(30권)
소명 선사(26권)
소산 화상(30권)
소수 선사(24권)

색인표 213

색 인 표

소암 선사(25권)
소요 화상(8권)
소원(제4세)(24권)
소자 선사(23권)
소종 선사(12권)
소진 대사 (12권)
소현 선사(25권)
송산 화상(8권)
수 선사(24권)
수계 화상(8권)
수공 화상(14권)
수눌 선사(19권)
수눌 선사(26권)
수당 화상(8권)
수로 화상(8권)
수룡산 화상(21권)
수륙 화상(12권)
수빈 선사(21권)
수산 성념(13권)
수안 선사(24권)
수월 대사(21권)
수유산 화상(10권)
수인 선사(25권)
수진 선사(24권)
수청 선사(22권)
순지 대사(12권)
숭 선사(22권)
숭교 대사(23권)
숭산 화상(10권)
숭은 화상(16권)
숭진 화상(23권)
숭혜 선사(4권)
습득(27권)
승 화상(23권)
승가 화상(27권)
승가난제(2권)
승광 화상(11권)
승나 선사(3권)

승둔 선사(26권)
승밀 선사(15권)
승일 선사(16권)
승찬 대사(3권)
시기불(1권)
시리 선사(14권)
신건 선사(11권)
신당 선사(17권)
신라 청원(17권)
신록 선사(23권)
신수 선사(4권)
신안 국사(18권)
신장 선사(8권)
신찬 선사(9권)
실성 대사(22권)
심 선사(23권)
심철 선사(20권)
쌍계전도자(12권)

ㅇ

아난 존자(1권)
악록산 화상(22권)
안선사(제1세)(20권)
암 화상(20권)
암두 전활(16권)
암준 선사(15권)
앙산 혜적(11권)
애 선사(23권)
약산 유엄(14권)
약산(제7세)(23권)
약산고 사미(14권)
양 선사(6권)
양 좌주(8권)
양광 선사(25권)
양수 선사(9권)
언단 선사(22권)
언빈 선사(20권)
엄양 존자(11권)

여눌 선사(15권)
여만 선사(6권)
여민 선사(11권)
여보 선사(12권)
여신 선사(22권)
여체 선사(19권)
여회 선사(7권)
역촌 화상(12권)
연 선사(21권)
연관 선사(24권)
연교 대사(12권)
연규 선사(25권)
연덕 선사(26권)
연무 선사(17권)
연수 선사(26권)
연수 화상(23권)
연승 선사(26권)
연종 선사(19권)
연화(제2세)(23권)
연화상(제2세)(23권)
영 선사(19권)
영가 현각(5권)
영각 화상(20권)
영감 선사(26권)
영감 화상(23권)
영관사(12권)
영광 선사(24권)
영규 선사(15권)
영도 선사(5권)
영명 대사(18권)
영묵 선사(7권)
영서 화상(13권)
영숭(제1세)(23권)
영안(제5세)(26권)
영암 화상(23권)
영엄 선사(23권)
영운 지근(11권)
영준 선사(15권)

영초 선사(16권)
영태 화상(19권)
영평 선사(23권)
영함 선사(21권)
영훈 선사(10권)
오공 대사(23권)
오공 선사(24권)
오구 화상(8권)
오운 화상(30권)
오통 대사(23권)
온선사(제1세)(20권)
와관 화상(16권)
와룡 화상(17권)
와룡 화상(20권)
왕경초상시(11권)
요 화상(23권)
요각(제2세)(21권)
요공 대사(21권)
요산 화상(11권)
요종 대사(21권)
용 선사(20권)
용수 존자(1권)
용계 화상(20권)
용광 화상(20권)
용담 숭신(14권)
용산 화상(8권)
용아 거둔(17권)
용운대 선사(9권)
용준산 화상(17권)
용천 화상(23권)
용청 선사(26권)
용혈산 화상(23권)
용회 도심(30권)
용흥 화상(17권)
우녕 선사(26권)
우두미 선사(15권)
우바국다(1권)
우섬 선사(26권)

색 인 표

우안 선사(26권)
우연 선사(21권)
우연 선사(22권)
우진 선사(26권)
운개 지한(17권)
운개경 화상(17권)
운산 화상(12권)
운암 담성(14권)
운주 화상(20권)
운진 선사(23권)
원 선사(22권)
원 화상(23권)
원광 선사(23권)
원규 선사(4권)
원명 선사(11권)
원명(제3세)(23권)
원명(제9세)(22권)
원소 선사(26권)
원안 선사(16권)
원엄 선사(19권)
원제 선사(26권)
원조 대사(23권)
원지 선사(14권)
원지 선사(21권)
월륜 선사(16권)
월화 화상(24권)
위 선사(20권)
위위도 선사(9권)
위부 화엄(30권)
위산 영우(9권)
유 선사(24권)
유 화상(24권)
유건 선사(6권)
유경 선사(29권)
유계 화상(15권)
유관 선사(7권)
유연 선사(17권)
유원 화상(8권)

유장 선사(20권)
유정 선사(4권)
유정 선사(6권)
유정 선사(9권)
유척 선사(4권)
육긍 대부(10권)
육통원소선사(17권)
윤 선사(22권)
윤 스님(29권)
은미 선사(23권)
은봉 선사(8권)
응천 화상(11권)
의능(제9세)(26권)
의륭 선사(26권)
의소 화상(23권)
의안 선사(14권)
의원 선사(26권)
의유(제13세)(26권)
의인 선사(23권)
의전 선사(26권)
의초 선사(12권)
의충 선사(22권)
의충 선사(14권)
이산 화상(8권)
이종 선사(10권)
인 선사(19권)
인 선사(22권)
인 화상(23권)
인검 선사(4권)
인종 화상(5권)
인혜 대사(18권)
일용 화상(11권)
일자 화상(10권)
임전 화상(19권)
임제 의현(12권)
임천 화상(22권)

ㅈ

자광 화상(23권)
자국 화상(16권)
자동 화상(11권)
자만 선사(6권)
자복 화상(22권)
자재 선사(7권)
자화 선사(22권)
장 선사(20권)
장 선사(23권)
장경 혜릉(18권)
장용 선사(22권)
장이 선사(10권)
장평산 화상(12권)
적조 선사(21권)
전긍 선사(26권)
전법 화상(23권)
전부 선사(12권)
전식 선사(4권)
전심 대사(21권)
전은 선사(24권)
전초 선사(20권)
정 선사(21권)
정과 선사(20권)
정수 대사(22권)
정수 선사(13권)
정오 대사(21권)
정오 선사(20권)
정원 화상(23권)
정조 혜동(26권)
정혜 선사(24권)
정혜 화상(21권)
제 선사(25권)
제다가(1권)
제봉 화상(8권)
제안 선사(7권)
제안 화상(10권)
조 선사(9권)
조 선사(22권)

조산 본적(17권)
조수(제2세)(24권)
조주 종심(10권)
존수 선사(16권)
종괴 선사(21권)
종귀 선사(22권)
종랑 선사(11권)
종범 선사(17권)
종선 선사(24권)
종성 선사(23권)
종습 선사(19권)
종실 선사(23권)
종의 선사(26권)
종일 선사(21권)
종일 선사(26권)
종전 선사(19권)
종정 선사(19권)
종지 선사(20권)
종철 선사(12권)
종현 선사(25권)
종혜 대사(23권)
종효 선사(21권)
종흔 선사(21권)
주 선사(24권)
주지 선사(21권)
준 선사(24권)
준고 선사(15권)
중도 화상(20권)
중만 선사(23권)
중운개 화상(16권)
중흥 선사(15권)
증각 선사(23권)
증선사(제2세)(20권)
지 선사(4권)
지견 선사(6권)
지관 화상(12권)
지구 선사(22권)
지균 선사(25권)

색인표

지근 선사(26권)
지단 선사(22권)
지덕 대사(21권)
지도 선사(5권)
지륜 선사(24권)
지묵(제2세)(22권)
지봉 대사(26권)
지봉 선사(4권)
지부 선사(18권)
지상 선사(5권)
지성 선사(5권)
지암 선사(4권)
지임 선사(24권)
지옹(제3세)(24권)
지원 선사(16권)
지원 선사(17권)
지원 선사(21권)
지위 선사(4권)
지은 선사(24권)
지의 대사(25권)
지의 선사(27권)
지의 화상(12권)
지장 선사(7권)
지장 화상(24권)
지적 선사(22권)
지조(제3세)(23권)
지진 선사(9권)
지징 대사(26권)
지철 선사(5권)
지통 선사(10권)
지통 선사(5권)
지행(제2세)(23권)
지황 선사(5권)
지휘 선사(20권)
진 선사(20권)
진 선사(23권)
진 존숙(12권)
진각 대사(18권)

진각 대사(24권)
진감(제4세)(23권)
진랑 선사(14권)
진웅 선사(13권)
진적 선사(21권)
진적 선사(23권)
진화상(제3세)(23권)
징 선사(22권)
징 화상(24권)
징개 선사(24권)
징원 선사(22권)
징정 선사(21권)
징조 대사(15권)

ㅊ

찰 선사(29권)
창선사(제3세)(20권)
책진 선사(25권)
처미 선사(9권)
처진 선사(20권)
천개유 선사(16권)
천룡 화상(10권)
천복 화상(15권)
천왕원 화상(20권)
천태 화상(17권)
청간 선사(12권)
청교 선사(23권)
청면(제2세)(23권)
청모 선사(24권)
청법 선사(21권)
청석 선사(25권)
청양 선사(13권)
청요 선사(23권)
청용 선사(25권)
청욱 선사(26권)
청원 화상(17권)
청원 행사(5권)

청좌산 화상(20권)
청진 선사(23권)
청품(제8세)(23권)
청해 선사(23권)
청해 선사(24권)
청호 선사(21권)
청환 선사(21권)
칭활 선사(22권)
초 선사(20권)
초남 선사(12권)
초당 화상(8권)
초복 화상(15권)
초오 선사(19권)
초증 대사(18권)
초훈(제4세)(24권)
총인 선사(7권)
추산 화상(17권)
충언(제8세)(23권)
취미 무학(14권)
칙천 화상(8권)
침 선사(22권)

ㅌ

타지 화상(8권)
태원부 상좌(19권)
태흠 선사(25권)
통 선사(17권)
통 선사(19권)
통법 도성(26권)
통변 도흥(26권)
통화상(제2세)(24권)
투자 감온(15권)

ㅍ

파조타 화상(4권)
파초 화상(16권)
파초 화상(20권)

포대 화상(27권)
풍 선사(23권)
풍간 선사(27권)
풍덕사 화상(12권)
풍혈 연소(13권)
풍화 화상(20권)

ㅎ

하택 신회(5권)
학륵나(2권)
학림 선사(4권)
한 선사(10권)
한산자(27권)
함계 선사(17권)
함광 선사(24권)
함택 선사(21권)
항마장 선사(4권)
해안 선사(16권)
해호 화상(16권)
행랑 선사(23권)
행명 대사(26권)
행수 선사(17권)
행숭 선사(22권)
행애 선사(23권)
행언 도사(25권)
행인 선사(23권)
행전 선사(20권)
행주 선사(19권)
행충(제1세)(23권)
향 거사(3권)
향성 화상(20권)
향엄 지한(11권)
향엄의단선사(10권)
헌 선사(20권)
현눌 선사(19권)
현량 선사(24권)
현밀 선사(23권)
현사 사비(18권)

색 인 표

현소 선사(4권)
현오 선사(20권)
현정 대사(4권)
현지 선사(24권)
현진 선사(10권)
현책 선사(5권)
현천언 선사(17권)
현천(제2세)(23권)
현칙 선사(25권)
현태 상좌(16권)
현통 선사(18권)
협 존자(1권)
협산 선회(15권)
혜 선사(20권)
혜 선사(22권)
혜 선사(23권)
혜가 대사(3권)
혜각 대사(21권)
혜각 선사(11권)
혜거 국사(25권)
혜거 선사(20권)
혜거 선사(26권)
혜공 선사(16권)
혜광 대사(23권)
혜능 대사(5권)
혜달 선사(26권)
혜랑 선사(14권)
혜랑 선사(21권)
혜랑 선사(26권)
혜렴 선사(22권)
혜류 대사(22권)
혜만 선사(3권)
혜명 선사(25권)
혜방 선사(4권)
혜사 선사(27권)
혜성 선사(14권)
혜성(제14세)(26권)
혜안 국사(4권)

혜오 선사(21권)
혜원 선사(25권)
혜월법단(제3세)(26권)
혜일 대사(11권)
혜장 선사(6권)
혜제 선사(25권)
혜종 선사(17권)
혜철(제2세)(23권)
혜청 선사(12권)
혜초 선사(9권)
혜충 국사(5권)
혜충 선사(4권)
혜충 선사(23권)
혜하 대사(20권)
혜해 선사(20권)
호감 대사(22권)
호계 암주(12권)
홍구 선사(12권)
홍나 화상(8권)
홍변 선사(9권)
홍엄 선사(21권)
홍은 선사(6권)
홍인 대사(3권)
홍인 선사(22권)
홍장(제4세)(23권)
홍제 선사(23권)
홍진 선사(24권)
홍천 선사(16권)
홍통 선사(20권)
화룡 화상(23권)
화림 화상(14권)
화산 화상(17권)
화엄 화상(20권)
환보 선사(16권)
환중 선사(9권)
황룡(제2세)(26권)
황벽 희운(9권)
회기 대사(23권)

회악 선사(18권)
회악(제4세)(20권)
회우 선사(16권)
회운 선사(7권)
회운 선사(20권)
회정 선사(9권)
회주 선사(23권)
회초(제2세)(23권)
회충 선사(16권)
회통 선사(4권)
회해 선사(6권)
횡룡 화상(23권)
효료 선사(5권)
효영(제5세)(26권)
효오 대사(21권)
후 화상(22권)
후동산 화상(20권)
후초경 화상(22권)
휴정 선사(17권)
흑간 화상(8권)
흑수 화상(24권)
흑안 화상(8권)
흥고 선사(23권)
흥법 대사(18권)
흥평 화상(8권)
흥화 존장(12권)
희변 선사(26권)
희봉 선사(25권)
희원 선사(26권)

부록은 농선 대원 선사님의 인가 내력과 법어 그리고 대원 선사님께서 직접 작사하신 노래 가사를 실었다. 특히 요즘 선지식 없이 공부하는 이들을 위하여 수행의 길로부터 불보살님의 누림까지 닦아 증득할 수 있도록 '부록4'에 '가슴으로 부르는 불심의 노래' 가사를 담았으니 끝까지 정독하여 수행의 요긴한 지침이 되기를 바란다.

부 록

부록1 농선 대원 선사님 인가 내력 221

부록2 농선 대원 선사님 법어 229

부록3 21세기에 인류가 해야 할 일 255

부록4 가슴으로 부르는 불심의 노래 259

농선 대원 선사님 인가 내력

제 1 오도송

이 몸을 끄는 놈 이 무슨 물건인가?
골똘히 생각한 지 서너 해 되던 때에
쉬이하고 불어온 솔바람 한 소리에
홀연히 대장부의 큰 일을 마치었네

무엇이 하늘이고 무엇이 땅이런가
이 몸이 청정하여 이러-히 가없어라
안팎 중간 없는 데서 이러-히 응하니
취하고 버림이란 애당초 없다네

하루 온종일 시간이 다하도록
헤아리고 분별한 그 모든 생각들이
옛 부처 나기 전의 오묘한 소식임을
듣고서 의심 않고 믿을 이 누구인가!

此身運轉是何物
疑端汨沒三夏來
松頭吹風其一聲
忽然大事一時了

何謂靑天何謂地
當體淸淨無邊外
無內外中應如是
小分取捨全然無

一日於十有二時
悉皆思量之分別
古佛未生前消息
聞者卽信不疑誰

    대원 선사님의 스승이신 불조정맥 제77조 조계종(曹溪宗) 전강(田岡) 대선사님께서 1962년 대구 동화사의 조실로 계실 당시 대원 선사님께서도 동화사에 함께 머무르고 계셨다.
    하루는 전강 대선사님께서 대원 선사님의 3연으로 되어 있는 제1오도송을 들어 깨달은 바는 분명하나 대개 오도송은 짧게 짓는다고 말씀하셨다. 이에 대원 선사님께서는 제1오도송을 읊은 뒤, 도솔암을 떠나 김제들을 지나다가 석양의 해와 달을 보고 문득 읊었던 제2오도송을 일러드렸다.

　　제 2 오도송

해는 서산 달은 동산 덩실하게 얹혀 있고
김제의 평야에는 가을빛이 가득하네
대천이란 이름자도 서지를 못하는데
석양의 마을길엔 사람들 오고 가네

日月兩嶺載同模
金提平野滿秋色
不立大千之名字
夕陽道路人去來

제2오도송을 들으신 전강 대선사님께서는 이에 그치지 않고 그와 같은 경지를 담은 게송을 이 자리에서 즉시 한 수 지어볼 수 있겠냐고 하셨다. 대원 선사님께서는 곧바로 다음과 같이 읊으셨다.

바위 위에는 솔바람이 있고
산 아래에는 황조가 날도다

대천도 흔적조차 없는데
달밤에 원숭이가 어지러이 우는구나

岩上在松風
山下飛黃鳥
大千無痕迹
月夜亂猿啼

전강 대선사님께서는 위 송의 앞의 두 구를 들으실 때만 해도 지그시 눈을 감고 계시다가 뒤의 두 구를 마저 채우자 문득 눈을 뜨고 기뻐하는 빛이 역력하셨다.

그러나 전강 대선사님께서는 여기에서도 그치지 않고 다시 한 번 물으셨다.

"대중들이 자네를 산으로 불러내어 그 중에 법성(향곡 스님 법제자인 진제 스님. 동화사 선방에 있을 당시에 '법성'이라 불렸고, 나중에 '법원'으로 개명하였다.)이 달마불식(達磨不識) 도리를 일러보라 했을 때 '드러났다'라고 답했다는데, 만약에 자네가 당시의 양무제였다면 '모르오'라고 이르고 있는 달마 대사에게 어떻게 했겠는가?"

대원 선사님께서 답하셨다.

"제가 양무제였다면 '성인이라 함도 서지 못하나 이러-히 짐의 덕화와 함께 어우러짐이 더욱 좋지 않겠습니까?' 하며 달마 대사의 손을 잡아 일으켰을 것입니다."

전강 대선사님께서 탄복하며 말씀하셨다.

"어느새 그 경지에 이르렀는가?"

"이르렀다곤들 어찌하며, 갖추었다곤들 어찌하며, 본래라곤들 어찌하리까? 오직 이러-할 뿐인데 말입니다."

대원 선사님께서 연이어 말씀하시자 전강 대선사님께서 이에 환희하시니 두 분이 어우러진 자리가 백아가 종자기를 만난 듯, 고수명창 어울리듯 화기애애하셨다.

달마불식 공안에 대한 위의 문답은 내력이 있는 것이다. 전강 대선사님께서 대원선사님을 부르시기 며칠 전에, 저녁 입선 시간 중에 노장님 몇 분만이 자리에 앉아있을 뿐 자리가 텅텅 비어 있었다고 한다.

대원 선사님께서 이상히 여기고 있던 중, 밖에서 한 젊은 수좌가 대원선사님을 불렀다. 그 수좌의 말이 스님들이 모두 윗산에 모여 기다리고 있으니 가자고 하기에 무슨 일인가 하고 따라가셨다.

그러자 그 자리에 있던 법성 스님이 보자마자 달마불식 법문을 들고 이르라고 하기에 지체없이 답하셨다.

"드러났다."

곁에 계시던 송암 스님께서 또 안수정등 법문을 들고 물으셨다.

"여기서 어떻게 살아나겠소?"

대뜸 큰소리로 이르셨다.

"안·수·정·등."

이에 좌우에 모인 스님들이 함구무언(緘口無言)인지라 대원 선사님께서는 먼저 그 자리를 떠나 내려와 버리셨다.

그 다음날 입승인 명허 스님께서 아침 공양이 끝난 자리에서 지난 밤 입선시간 중에 무단으로 자리를 비운 까닭을 묻는 대중 공사를 붙여

산 중에서 있었던 일들이 낱낱이 드러나고 말았다. 그리하여 입선시간 중에 자리를 비운 스님들은 가사 장삼을 수하고 조실인 전강 대선사님께 참회의 절을 했던 일이 있었다.

전강 대선사님께서는 이때에 대원 선사님께서 달마불식 도리에 대해 일렀던 경지를 점검하셨던 것이다.

이런 철저한 검증의 자리가 있었던 다음 날, 전강 대선사님께서 부르시기에 대원 선사님께서 가보니 모든 것이 약조된 데에서 주지인 월산(月山) 스님께서 입회해 계셨으며 전강 대선사님께시는 곧바로 다음과 같이 전법게(傳法偈)를 전해주셨다.

전 법 게

부처와 조사도 일찍이 전한 것이 아니거늘
나 또한 어찌 받았다 하며 준다 할 것인가
이 법이 2천년대에 이르러서
널리 천하 사람을 제도하리라

佛祖未曾傳
我亦何受授
此法二千年
廣度天下人

덧붙여 이 일은 월산 스님이 증인이며 2000년까지 세 사람 모두 절대 다른 사람이 알게 하거나 눈에 띄게 하지 않아야 한다고 당부하셨다.

 만약 그러지 않을 시에는 대원 선사님께서 법을 펴 나가는데 장애가 있을 것이라고 예언하셨다. 또한 각별히 신변을 조심하라 하시고 월산 스님에게 명령해 대원선사님을 동화사의 포교당인 보현사에 내려가 교화에 힘쓰게 하셨다.

 대원 선사님께서 보현사로 떠나는 날, 전강 대선사님께서는 미리 적어두셨던 부송(付頌)을 주셨으니 다음과 같다.

　　　부 송

어상을 내리지 않고 이러-히 대한다 함이여
뒷날 돌아이가 구멍 없는 피리를 불리니
이로부터 불법이 천하에 가득하리라

不下御床對如是
後日石兒吹無孔
自此佛法滿天下

 위의 게송에서 '어상을 내리지 않고 이러-히 대한다 함이여'라는 첫째 줄 역시 내력이 있는 구절이다.

 전에 대원 선사님께서 전강 대선사님을 군산 은적사에서 모시고 계실 당시 마당에서 홀연히 마주쳤을 때 다음과 같은 문답이 있었다.

 전강 대선사님께서 물으셨다.

 "공적(空寂)의 영지(靈知)를 이르게."

대원 선사님께서 대답하셨다.
"이러-히 스님과 대담(對談)합니다."
"영지의 공적을 이르게."
"스님과의 대담에 이러-합니다."
"어떤 것이 이러-히 대담하는 경지인가?"
"명왕(明王)은 어상(御床)을 내리지 않고 천하 일에 밝습니다."
위와 같은 문답 중에 대원 선사님께서 답하신 경지를 부송의 첫째 줄에 담으신 것이다.

전강 대선사님께서 대원선사님을 인가(印可)하신 과정을 볼 때 한 번, 두 번, 세 번을 확인하여 철저히 점검하신 명안종사의 안목에 탄복하지 않을 수 없으며 이에 끝까지 1초의 머뭇거림도 없이 명철하셨던 대원선사님께 찬탄하지 않을 수 없다.
그리하여 법열로 어우러진 두 분의 자리가 재현된 듯 함께 환희용약하지 않을 수 없다.

이제 전강 대선사님과 약속한 2천년대를 맞이하였으므로 여기에 전법게를 밝힌다.
이로써 경허, 만공, 전강 대선사님으로 내려온 근대 대선지식의 정법의 횃불이 이 시대에 이어져 전강 대선사님의 예언대로 불법이 천하에 가득할 것이다.

농선 대원 선사님 법어

 깨달음은 실증실수다. 그러나 지금의 불교가 잘못된 견해와 지식으로 불조의 가르침을 왜곡하고 견성성불 하고자 애쓰는 수행인들을 오히려 길을 잃고 헤매게 하고 있다.
 그래서 이 장에서는 대원 선사님의 혜안으로 제방에서 논의되는 불교의 핵심적인 대목을 밝혀, 불조의 근본 종지를 드러내고 불교가 나아가야 할 바를 보였다.
 깨달음의 정수를 담은 12게송은 실제 깨닫지 못하고 말로만 깨달음을 말하거나 혹은 깨달았다 해도 보림이 미진한 이들을 경계하게 하며 실증의 바탕에서 닦아 증득할 수 있도록 하였으니, 생사를 결단하고 본연한 참나를 회복하려는 이들에게 칠흑 같은 밤길에 등불과 같은 길잡이가 될 것이다.

화두실참

　제방의 선방 상황을 보면 목적지에 이르는 길을 몰라 노정길을 묻고 있는 격이다. 무자와 이뭐꼬 화두가 최고라 하면서도 실제 실참을 하지 못하고 있기 때문이다. '이 무엇인고?' 하면서 이 눈으로 보려 한다면 경계 위에서 찾는 것이어서 억만 겁을 두고 찾아도 찾을 수 없다. 그러므로 깨달아 일체종지를 이룬 스승의 분명한 안목의 지도가 없다면 화두를 들든, 관법을 행하든, 염불을 하든 깨달음을 기약한다는 것이 정말 어렵다 할 것이다.

개유불성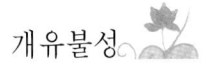

부처님께서 분명히 준동함령 개유불성(蠢動含靈 皆有佛性)이라고 하셨다. 이것은 모든 만물이 다 부처가 될 성품을 갖고 있다는 뜻이다. 불성이 하나라고 주장하는 목소리가 불교계에 드높으나 이것은 개유불성 즉, 낱낱이 제 불성은 제가 지니고 있다는 부처님의 말씀을 정면으로 어기는 말이다.

옛 선사님 말씀에 '천지(天地)가 여아동근(與我同根)이고 만물(万物)이 여아일체(與我一切)'라고 했다. '천지가 여아동근이다'라는 것은 하늘 땅이 나와 더불어 같은 뿌리라는 말이다.
　'나와 더불어'라고 했고 또한 한 뿌리가 아니라 같은 뿌리라고 했다. '더불 여(與)'자와 '같을 동(同)'자가 이미 하나라 할 수 없다는 것을 말해주고 있다. 즉 이 말은 하나와도 같다, 한결같이 똑같다는 말이다. 하나라면 '같을 동'자 뿐만 아니라 일이란 글자도 설 수 없다. 일은 이가 있을 때에야 비로소 설 수 있는 것이다.
　그러므로 '천지가 여아동근이다' 즉 하늘과 땅이 나와 더불어 같은 뿌리라는 것은 모든 것이 한결같이 가없는 성품 자체에서 비롯되었다는 말이다.
　또한 '만물이 여아일체이다' 즉 만물이 나와 더불어 한 몸이라는 말에서 일체란 하나의 몸을 말하는 것이 아니라 모든 불성이 가없는 성품 자체로 서로 상즉한 온통인 몸을 말하는 것이어서 만물이 나와 더불어 상즉한 자체를 말한 것이다.

공부를 많이 한 사람이 외도에 깊이 떨어지는 경우가 있다. 인가를 받지 못한 선지식들이 모두 체성을 보지 못한 이는 아니다. 가없는 성품 자체에 사무치고 보니 도저히 둘일 수가 없으므로 불성이 하나라고 한 것이다. 그러나 불성이 하나라고 하는 것은 바른 깨달음이 아니다. 그래서 인가를 받지 않으면 외도라 하는 것이다. 체성에 사무쳤다 해도 스승의 지도를 받아 일체종지를 이루지 못하면 이런 큰 허물을 짓는 것이다.

만약 불성이 하나라고 하는 이가 있으면 "아픈 것을 느끼는 것이 몸뚱이냐, 자성이냐?"라고 물어야 한다. 그러면 당연히 누구나 자성이라고 답할 것이다. 만약 몸뚱이가 아픔을 느끼는 것이라면 시체도 아픔을 느껴야 하기 때문이다. 이렇게 볼 때에 자성이 하나라면 누군가 아플 때 동시에 모두 아픔을 느껴야 할 것이다. 또한 한 사람이 생각을 일으킬 때 이를 모두 알아야 한다. 불성이 하나라면 마음도 하나여서 다른 마음이 있을 수 없기 때문이다.

돈오돈수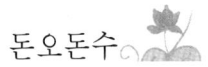

제방에 돈오돈수(頓悟頓修)에 대한 여러 가지 서로 다른 주장으로 시비가 끊어지지 않고 있다. 이로 인해 수행자들이 견성하면 더 이상 닦을 것이 없다는 그릇된 견해에 집착하거나 의심을 일으킬까 염려하여 여기에 바른 돈오돈수의 이치를 밝히고자 한다.

견성이 곧 돈오돈수라고 하는 분들이 많다.
그러나 견성이 곧 구경지인 성불이라면 돈오면 그만이지 돈수란 말은 왜 해놓았겠는가?
또한 오후보림(悟後保任)이라는 말은 무슨 말인가.

금강경에는 네 가지 상(我相, 人相, 衆生相, 壽者相)만 여의면 곧 중생이 아니라는 말이 수없이 되풀이되고 있다.
그런데 제구 일상무상분(第九 一相無相分)을 볼 때 다툼이 없는(곧 모든 상을 여읜) 삼매인(三昧人) 가운데 제일인 아라한도 구경지가 아니니 보살도를 닦아 등각을 거쳐야 구경성불인 묘각지에 이른다는 사실을 알 수 있다.
또한, 제이십삼 정심행선분(第二十三 淨心行善分)을 보면 부처님께서 "아도 없고, 인도 없고, 중생도 없고, 수자도 없는 가운데 모든 선법(善法)을 닦아야 곧 아뇩다라삼먁삼보리를 얻는다."라고 말씀하시고 있으니 이것은 다름이 아니라 견성한 후에 견성을 한 지혜로써 항상 체성을 여의지 않고, 남은 업을 모두 닦아 본래 갖춘 지혜덕상을 원만하게 회복시켜야 구경성불할 수 있다는 말씀이다.

그렇다면 어째서 돈수일까?
'돈'이란 시공이 설 수 없는 찰나요, '수'란 시간과 공간 속에서 닦는 것이다.
단박에 마친다면 '돈'이면 그만이고, 견성 이전이든 이후든 닦음이 있다면 '수'라고만 할 것이지 어째서 돈과 수가 함께 할 수 있을까? 그야말로 물의 차고 더움은 그 물을 마셔본 자만이 알듯이 깨달은 사람만이 알 것이다.

사무쳐 깨닫고 보니 시공이 서지 않아 이러-히 닦아도 닦음이 없으니 네 가지 상이 없는 가운데 모든 선법을 닦는 것이요, 단박에 깨달으니 색공(色空)이 설 수 없어 이러-한 경지에서 닦음 없이 닦으니 네 가지 상이 없는 가운데 모든 선법을 닦는 것이다.
이와 같이 깨달아서 깨달은 바 없고, 닦아서는 닦은 바 없이 닦아, 남음이 없는 구경지인 성불에 이르는 과정을 돈오돈수라 한다.

견성하면 마음 이외의 다른 물건이 없는 경지인데 어떻게 닦음이 있을 수 있는가 하고 의심하는 분들이 많다. 그러나 견성했다 해도 헤아릴 수 없는 겁 동안에 길들여온 업으로 인하여 경계를 대하면 깨달아 사무친 바와 늘 일치하지는 못한다.

그래서 견성한 지혜로써 항상 체성을 여의지 않고 억겁에 익혀온 업을 제거하고 지혜 덕상을 원만하게 회복시켜야 구경성불할 수 있다.

이것이 앞에서 밝혔듯 금강경에서 부처님께서 하신 말씀이요, 돈오돈수를 주창한 당사자인 육조 대사님께서 하신 말씀이다.

육조단경 돈황본 이십칠 상대법편과 이십팔 참됨과 거짓을 보면 육조 대사님께서 당신의 설법언하에 대오하고도 슬하에서 3, 40년간 보림한 십대 제자들을 모아놓고 말씀하신다.

"내가 떠난 뒤에 너희들은 각각 일방의 지도자가 될 것이다. 그러므로 내가 너희들에게 설법하는 것을 가르쳐서 근본종지를 잃지 않도록 해주리라. 나오고 들어감에 곧 양변을 여의도록 하라." 하시고 삼과(三科)의 법문과 삼십육대법(三十六對法)을 설하셨다.

뿐만 아니라 2, 3개월 후 다시 십대 제자들을 모아놓고 "8월이 되면 세상을 떠나고자 하니 너희들은 의심이 있거든 빨리 물어라. 내가 떠난 뒤에는 너희들을 가르쳐 줄 사람이 없다." 하시며 진가동정게(眞假動靜偈)를 설하시고 외워 가져 수행하여 종지를 잃지 않도록 하라고 거듭 당부를 하시고 있다.

이것을 보아서도 이 사람이 말한 돈오돈수와 육조 대사께서 말씀하신 돈오돈수가 같다는 것을 알 수 있을 것이다.

다시 한 번 밝히자면 돈오란 자신의 체성을 단박에 깨닫는 것이요, 돈수란 깨달은 체성의 지혜로써 닦음 없이 닦는 것으로 이것이 곧 오후 보림이며, 수행자들이 퇴전하지 않고 구경성불할 수 있는 바른 수행의 길이다.

다음은 전등록 제 9권에서 추출한 것이다.

"돈오(頓悟)한 사람도 닦아야 합니까?"

"만일 참되게 깨달아 근본을 얻으면 그대가 스스로 알게 될 것이니 닦는다, 닦지 않는다 하는 것은 두 가지의 말일 뿐이다. 처음으로 발심한 사람들이 비록 인연에 따라 한 생각에 본래의 이치를 단박에 깨달았으나 아직도 비롯함이 없는 여러 겁의 습기(習氣)는 단박에 없어지지 않으므로, 그것을 깨끗이 하기 위하여 현재의 업과 의식의 흐름을 차츰차츰 없애야 하나니 이것이 닦는 것이다. 그것에 따로이 수행하게 하는 법이 있다고 말하지 마라.

들음으로 진리에 들고, 진리를 듣고 묘함이 깊어지면 마음이 스스로 두렷이 밝아져서 미혹한 경지에 머무르지 않으리라. 비록 백천 가지 묘한 이치로써 당대를 휩쓴다 하여도 이는 자리에 앉아서 옷을 입었다가 다시 벗는 것으로써 살림을 삼는 것이니, 요약해서 말하면 실제 진리의 바탕에는 한 티끌도 받아들이지 않지만 만행을 닦는 부문에서는 한 법도 버리지 않느니라. 만일 깨달았다는 생각마저 단번에 자르면 범부니 성인이니 하는 생각이 다하여, 참되고 항상한 본체가 드러나 진리와 현실이 둘이 아니어서 여여한 부처이니라."

"무엇이 돈오(頓悟)이며, 무엇을 점수(漸修)라 합니까?"

"자기의 성품이 부처와 똑같다는 것은 단박에 깨달았으나 비롯함이 없는 옛적부터의 습관은 단박에 제거할 수 없으므로 차츰 물리쳐서 성품에 따라 작용을 일으켜야 하니, 마치 사람이 밥을 먹을 때에 첫술에 배가 부르지 않는 것과 같다."

간화선인가 묵조선인가

나에게 "당신의 지도는 간화입니까, 묵조입니까?"라고 묻는 이들이 있다. 나의 지도법에는 애당초부터 간화니 묵조니 하는 것이 없다. 가없는 성품 자체로 일상을 지어가라는 말이 바로 그것을 대변해주고 있다. 묵조선과 간화선이 나뉜 것은 육조 대사 이후여서 육조 대사 당시까지만 해도 묵조선이니, 간화선이니 하여 나누지 않았다. 나는 육조 대사 당시의 법을 그대로 펴고 있는 것이다.

묵조선과 간화선은 원래 종파가 아니다. 지도받는 이의 근기에 따라 지도한 방편일 뿐이다. 들뜬 생각과 분별망상에서 이끌어내기 위한 방편으로 지도한 것이 묵조선이다. 그렇게 이끌어서 깨달아 사무치면 깨달아 사무친 경지가 일상이 되게끔 다시 이끌어 주어야 하는 것이다.

달마 대사를 묵조선이라고 하는데 중국에 오기 전 달마 대사가 육파외도(六派外道)를 조복시키는 대목을 보면 달마 대사가 묵조선이 아니라는 것이 역력히 드러난다.

다만 황제가 법문을 할 정도였던 그 시대의 교리 위주의 이론불교를 근본불교에 이르게 하기 위한 방편으로 "밖으로 반연하여 일으키는 모든 생각을 쉬고 안으로 구하는 마음마저 쉬어라."라고 가르친 것이다. 간화선도 마찬가지여서 화두라는 용광로에 일체 분별망상을 녹여 없앰으로써 밖으로 반연하여 일으키는 모든 생각을 쉬고, 안으로 구하는 마음마저 쉬게 하여 깨닫게끔 한 것이다.

즉 화두를 들어도 이런 경지에 이르러야 깨달을 수 있는 것이다. 오롯이 끊어지지 않게 화두를 들어서 오직 이러한 경지에 이르러 있다가 어떤 경계에 문득 부딪힘으로써 깨닫게 된다. 결국에는 화두인 모든 공안도리 역시 사무쳐 깨닫게 하기 위한 방편이다.

그러므로 수기설법(隨機說法)하고 응병여약(應病與藥)해야 한다. 나 역시 제자가 이러한 경지에 사무쳐 깨닫게끔 하지만, 이미 사무친 연후에는 가없는 성품 자체에 머물러 있으려고만 하지 말고, 그 경지에서 응하여 모자람 없도록 지어나가야 한다고 지도한다.

묵조나 일행삼매(一行三昧), 어느 쪽도 모든 이에게 정해 놓고 일정하게 주어서는 바른 지도가 될 수 없는 것이다. 내가 앉아서 선화할 때에는 오직 심외무물의 경지만 오롯하게끔 지으라고 지도하는 것은 어떻게 보면 묵조선이다. 그것이 가장 빨리 업을 녹이는 방법이기 때문에 그렇게 지도하는 것이다.

그러나 활동할 때는 가없는 성품 자체로 일상을 지어 가라고 지도했으니 이것은 곧 일행삼매에 이르도록 지도한 것이다. 안팎 없는 경지를 여의지 않는 것이 삼매이니, 일상생활 속에서 여의지 않는 가운데 보고 듣고, 보고 듣되 여의지 않는 그것이 일행삼매이다.

그렇다면 나는 한 사람에게 묵조선과 일행삼매를 다 가르치고 있는 것이 된다. 묵조선이라고 했지만 앉아서는 생사해탈을 위한 멸진정을 익히도록 하고, 그 외에는 다 일행삼매를 짓도록 지도하고 있는 것이어서 한편으로 멸진정을 익히는 가운데 조사선을 짓고 있는 것이다.

 어떠한 약도 쓰이는 곳에 따라 좋은 약이 되기도 하고 사약이 되기도 한다. 스승이 진정 자유자재해서 제자가 머물러 있는 부분을 틔워주는 지도를 할 때 그것이 약이 되는 것이다.
 그러므로 '나는 간화선만을 가르친다.' 그렇게 지도해서는 안 된다. 부처님께서도 수기설법하라 하셨다. 병을 치료해 주는 것이 약이듯 그 기틀에 맞게끔 설해 주는 것이 참 법이다.
 무유정법(無有定法)이라 하지 않았는가. 그 사람의 바탕과 익힌 업력과 현재의 경지 등 모든 것을 참작해서 거기에 알맞게 베풀어 주어야 한다.
 부처님의 경을 마가 설하면 마설이 되고, 마경을 부처님께서 설하시면 진리의 경전이 된다는 것도 바로 이런 데에서 하신 말씀이다.

 어느 한 종에만 편승하면 안 된다. 우리는 이 속에 오종칠가(五宗七家)의 법을 다 수용해야 된다. 어느 한 법도 버릴 수 없다. 모든 근기에 알맞도록 설해 주고 이끌어 줄 수 있어야 하기 때문이다.
 그래서 다만 응하여 모자람이 없이 병에 의하여 약을 줄 뿐, 정해진 법이 없어서 어느 한 법도 따로 취함이 없어야 하는 것이다.

 육조 대사께 행창이 찾아와 부처님 열반경 중에서 유상(有常)과 무상(無常)을 가지고 물었을 때 행창이 무상이라 하면 육조 대사는 유상이라 하고, 행창이 유상이라 하면 육조 대사는 무상이라 했다. 왜냐하면 원래부터 무상이니 유상이니가 있을 수 없어서, 부처님께서는 다만 유상이라는 집착을 벗어나게 하기 위해 무상을 말씀하시고, 무상이라는 집착을 벗어나게 하기 위해 유상을 말씀하셨을 뿐이거늘, 행창은 열반경의 이 말씀에 묶여 있었기 때문이다.

육조 대사가 이러한 이치에 대해서 설하자 행창이 곧 깨닫고 오도송을 지어 바쳤다.

이렇게 수기설법할 때 불법이다. 수기설법하지 못하면 임제종보다 더한 것이라 해도 불법일 수 없다.

각각 사람의 근기가 다른데 어떻게 천편일률적인 방법으로 똑같이 교화할 수 있겠는가.

조계종을 육조정맥종이라고 이름한 이유

불법이 석가모니 부처님으로부터 28대 달마 대사에 이르러 동토에 전해지고 다시 33조인 육조 대사에 의해 가장 활발하고 왕성한 황금시대를 이루었다. 그래서 우리나라의 정통 불교 종단에 조계종이라는 이름이 붙여진 것이다. 육조 대사께서 생전에 조계산에 주하셨고, 대부분의 선사들의 호로 계신 곳의 지명이나 산 이름으로 쓰였기 때문이다.

그러므로 조계종의 조계란 육조 대사를 의미하고, 조계종이란 결국 육조 대사의 법을 의미하며 조계종단은 육조 대사의 법을 받아 이어가는 종단이다.

그러나 조계는 육조 대사께서 정식으로 스승에게 받은 호가 아니다. 호는 당호라고도 하는데, 대부분 스승이 제자를 인가하며 주는 것이다. 종사와 법을 거량하여 종사로부터 인가를 받고 입실건당의 전법식을 할 때에 당호와 가사, 장삼, 전법게 등을 받는다. 이때, 위에서 말하였듯 주로 그가 살고 있는 절 이름, 또는 지명, 그가 거처하던 집 등의 이름을 취하여 호로 삼는 경우가 많다. 그런데 육조 대사께서 조계산에 주하시기는 하였으나 스승인 오조 홍인 대사는 육조 대사에게 조계라는 호를 내린 적이 없다. 또 육조 대사 역시 생전에 조계라는 호를 쓴 적이 없다.

　대부분의 사전에 육조 대사를 조계 대사라고도 한다고 되어 있는데, 이것은 후대인들이 지어 부른 것이다. 만약 '조계'를 육조 대사를 지칭하는 공식적인 명칭으로 쓴다면 이것은 후대인들이 선대의 대선사의 호를 지어 부르는 격이 되니 참으로 예에 맞지 않다고 할 것이다.

　이러한 이유에서 조계종이라는 이름이 불교종단의 정식이름으로 적합하지 않다고 보았고, 또한 육조 대사의 법을 이어받아 바르게 펴는 곳이라는 의미를 담기에 가장 적당하여 육조정맥종이라 이름하였을 뿐, 수덕사 문중 전강 선사님의 인가를 받아 석가모니 부처님으로부터 근대의 대선지식인 경허, 만공, 전강 선사로 이어진 법맥을 이은 이로서 따로이 새로운 종단을 설립한 것이 아니다. 그렇기에 출가함에 있어서 불필요한 논쟁의 소지를 없애기 위해 육조정맥종이라고 이름한 이유와 스스로 한 번도 결제, 해제, 연두법어를 내리지 않았던 까닭이 따로 새로운 종단을 설립한 것이 아니었기 때문이라는 것을 밝히는 바이다.

희비송(喜悲頌)

이름도 없고 상도 없는 일 없는 사람이
태평의 노래를 흥에 취해 불렀더니
때도 없고 끝도 없는 구제의 일이
대천세계에 충만히 펼쳐졌네

無名無相無事人
太平之歌唱興醉
無時無端救濟事
大千世界布充滿

정신송(正信頌)

이름도 없고 상도 없는 이 바탕인 몸이여
이 바탕을 깨달은 믿음이라야 이 바른 믿음이라
이와 같은 믿음이 없이는 마음이 나라 말라
눈 광명이 땅에 떨어질 때 한이 만단이나 되리라

無名無相是地體
悟地之信是正信
若無是信莫心我
眼光落地恨萬端

진심송(眞心頌)

이름도 없고 상도 없는 이 진공이여
공이라는 공은 공이라 함마저도 없는 이 참 바탕이라
이와 같은 바탕이라야 이 공인 몸이니
이와 같은 몸이 아니면 참다운 마음이 아니니라

無名無相是眞空
空空無空是眞地
如是之地是空體
如是非體非眞心

업신송(業身頌)

업의 몸이란 것은 고통의 근본이요
업의 마음이란 것은 환란의 근본이니라
업의 행이란 것은 다툼의 근본이요
업의 일이란 것은 허망의 근본이니라

業身乃苦痛之本
業心乃患亂之本
業行乃鬪爭之本
業事乃虛妄之本

보림송(保任頌) 1

업의 몸을 다스리는 데는 계행이 최상이요
업의 마음을 다스리는 데는 인내가 최상이니라
계행과 인내로 잘 다스리면 보림이 순조롭고
보림이 잘 이루어지면 구경에 이르느니라

治業身之戒最上
治業心之忍最上
善治戒忍順保任
善成保任至究竟

보림송(保任頌) 2

육신의 욕망은 하나까지라도 모두 버려야 하고
육신을 향한 생각은 남음이 없이 버려야 하느니라
이와 같이 보림하면 업이 중한 사람일지라도
당생에 반드시 구경지를 성취하리라

肉身欲望捨都一
肉身向思捨無餘
如是保任重業人
當生必成究竟地

공성본질송(空性本質頌) 1

무극인 빈 성품의 본래 몸은
언어나 마음과 행위로 표현 못 하나
모든 부처님과 만물이 이로 좇아 생겼으며
궁극에 일체가 돌아가 의지할 곳이니라

無極空性之本體
言語道斷滅心行
諸佛萬物從此生
窮極一切歸依處

공성본질송(空性本質頌) 2

혼연한 빈 바탕을 이름해서 무아라 하고
무아의 다른 이름이 이 무극이니라
유정 무정이 이로 좇아 생겼으며
궁극에 일체가 돌아가 의지할 곳이니라

渾然空地名無我
無我異名是無極
有情無情從此生
窮極一切歸依處

공성본질송(空性本質頌) 3

이러-히 밝게 사무친 것을 이름해서 견성이라 하고
이 바탕에 밝게 사무쳐야 바르게 깨달은 사람이니
도를 닦는 사람은 반드시 명심해서
각자 관조하여 그릇 깨달음이 없어야 하느니라

如是明徹名見性
是地明徹正悟人
修道之人必銘心
各者觀照無非悟

명정오송(明正悟頌)

밝지도 어둡지도 않은 곳을 향해서
그윽한 본래의 바탕에 합하여야
이것을 진실한 깨달음이라 하는 것이니
그렇지 않다면 바른 깨달음이 아니니라

向不明暗處
冥合本來地
此是眞實悟
不然非正悟

무아송(無我頌)

중생들이 말하는 무아라는 것은
변하고 달라지는 나를 말하는 것이요
깨달은 사람의 무아는
변하지 않는 나를 말하는 것이다

衆生之無我
變異之言我
悟人之無我
不變之言我

태시송(太始頌)

탐착한 묘한 광명에 합한 것이 상을 이루었고
상에 집착하여 사는데서 익힌 것이 모든 업을 이루었다
업을 인해서 만반상이 생겨 나왔으며
만상으로 해서 만반법이 생겨 나왔다

貪着妙光合成相
執相生習成諸業
因業生出萬般象
萬象生出萬般法

21세기에 인류가 해야 할 일

　이 사람은 1962년 26세 때부터 21세기에 인류에게 닥칠 공해문제, 에너지문제를 예견하고 대체에너지(무한원동기, 태양력, 파력, 풍력 등) 개발과 '울 안의 농법'을 연구하고 그 필요성을 많은 이들에게 이야기해 왔습니다.

　당시에는 너무 시대를 앞서가는 이야기여서인지 일반인들이 수용하지 못하고 오히려 불신의 눈으로 바라보며 이 사람의 법마저 의심하였습니다. 하지만 현대에 있어서는 이것이 인류가 해결해야 할 가장 절박한 사안이 되어 있습니다.

　'사막화방지 국제연대'를 설립한 것도 현재 인류가 해결해야 할 가장 절박한 지구환경문제를 이슈화시키고 그 해결책을 제시하여 재앙에 직면한 지구촌을 살리기 위해서입니다.

　'사막화방지 국제연대'에서 추진하고 있는 사막화 방지, 지구 초원

화, 대체에너지 개발은 온 인류가 발 벗고 나서서 해야 할 일입니다.

첫 번째 사막화 방지에 있어서 기존에 해왔던 '나무심기 사업'은 천문학적인 예산과 많은 인력을 동원하고도 극도로 황폐한 사막화된 환경을 되살리는 데 실패하였습니다.

그래서 이 사람은 사막화 방지에 있어서는 '사막 해수로 사업'을 새로운 방안으로 제시하였습니다.

사막 해수로 사업은 사막화된 지역에 수도관을 매설하여 바닷물을 끌어들여서 염분에 강한 식물을 중심으로 자연생태계를 복원하는 시업입니다.

이것은 나무심기 사업으로 심은 나무들이 절대적으로 물이 부족하여 생존할 수 없었던 문제를 해결할 수 있는, 현재로서는 유일한 해결책입니다.

그러나 '사막화방지 국제연대'의 목적은 사막이 확장되는 것을 방지하자는 것이지 사막 전체를 완전히 없애자는 것은 아닙니다. 인체에서 심장이 모든 피를 전신의 구석구석까지 골고루 보내어 살아서 활동하게 하듯이 사막은 오히려 지구의 심장 역할을 하는 중요한 곳이기 때문입니다.

그래서 21세기에 있어서는 다만 사막의 확장을 방지할 뿐 아니라 사막을 어떻게 운용하느냐를 연구해야 합니다.

사막에 바둑판처럼 사방이 막힌 플륨관 수로를 설치하여 동, 서, 남, 북 어느 방향의 수로를 얼마만큼 채우느냐 비우느냐에 따라, 사막으로부터 사방 어느 방향으로든 거리까지 조절하여, 원하는 지역에 비를 내리게 하고 그치게 할 수 있습니다. 철저히 과학적인 데이터에 의해 이렇게 사막을 운용함으로써 21세기의 지구를 풍요로운 낙원시대로 만들어가야 합니다.

두 번째로 지구를 초원화할 수 있는 방안으로 3년간의 실험을 통해, 광활한 황무지 지역을 큰 비용을 들이거나 많은 인력을 동원하지 않고도 짧은 시간 내에 초지로 바꿀 수 있는 식물을 찾아냈습니다.

그것은 바로 '돌나물'입니다. 돌나물은 따로 종자를 심을 필요가 없이 헬리콥터나 비행기로 살포해도 생존, 번식할 수 있으며, 추위와 더위, 황폐한 땅에서도 살아남을 수 있는 생명력과 번식력이 강한 식물입니다.

지구환경을 되살리는 초지조성 사업에 있어서 이것이 큰 도움이 되리라 생각합니다.

세 번째의 대체에너지 개발에 있어서는 태양력, 파력, 풍력 등 1962년도부터 이 사람이 연구하고 얘기해왔던 방법들이 이미 많이 개발되어 실용화한 단계에 있습니다.

이 세 가지 일은 한 개인이나 한 국가가 할 수 있는 일이 아닙니다. 모든 국가가 앞장서서 전세계적인 사업으로 이루어져야 합니다. 모든 국가가 함께 하는 기금조성이 이루어져야 하고 기금조성에 참여한 국가는 이 시스템에 의한 전면적인 혜택을 입을 수 있도록 해야 합니다.

인류 모두가 지혜를 모아 이 일에 전력을 다한다면 인류는 유사 이래 가장 좋은 시절을 맞이하게 될 것이며, 만약 이 일을 남의 일인 양 외면한다면 극한의 재앙을 면할 수 없을 것입니다.

이 사람이 오래 전부터 얘기해왔던 '울 안의 농법'은 이미 미국 라스베이거스(Las Vegas)에서 30층짜리 '고층 빌딩 농장'으로 구현되었습니다. 그렇게 크게도 운영될 수 있지만 각자 자신의 집에서 이루어지는 '울 안의 농법'도 필요합니다.

21세기에 있어서 또 하나 인류가 만일의 사태를 대비해서 연구, 추진해야 될 일이 있다면 바닷속에서의 수중생활, 수중경작입니다.

지구 온난화가 심화될 경우, 공기가 너무 많이 오염될 경우, 바닷물이 높아져 살 땅이 좁아질 경우 등에 대비할 때, 인류는 우주에서의 삶보다는 바닷속에서의 삶을 준비해야 합니다. 왜냐하면 그것이 훨씬 수월하고 비용도 절감할 수 있기 때문입니다.

이렇게 깨달은 이는 이변적으로는 깨달음을 얻게 하여 영생불멸의 삶을 영위할 수 있도록 만인을 이끌어야 하며 사변적으로는 일반인이 예측할 수 없는 백 년, 천 년 앞을 내다보아 이를 미리 앞서 대비하도록 만인의 삶을 이끌어줘야 한다고 생각합니다.

불법의 뜻은 다만 진리 전수에만 있는 것이 아니니, 만인이 서로 함께 영원한 극락을 누릴 때까지 물심양면으로, 이사일여로 베풀어 교화해야 하기 때문입니다.

가슴으로 부르는 불심의 노래

　여기에 실린 가사는 모두 농선 대원 선사님께서 직접 작사하신 것이다. 수행의 길로 들어서게끔 신심, 발심을 북돋아주는 가사로부터 수행의 길로 접어든 이의 구도의 몸부림이 담겨있는 가사, 대승의 원력을 발해서 교화하는 보살의 자비심과 함께 낙원세계를 누리는 풍류를 그려놓은 가사까지 한마디, 한마디가 생생하여 그 뜻이 뼛속 깊이 새겨지고 그 멋에 흠뻑 취하게 된다. 농선 대원 선사님께서는 거칠고 말초적인 요즘의 노래를 듣고 이러한 정서를 순화시키고자, 또한 수행의 마음을 진작시키고자 하는 뜻에서 이 가사들을 쓰셨다.

 그래야지

1.
마음으로 물질로써
갖가지로 베푸는 것
생활화한 국민되어
이뤄내는 국가되세
그래야지 그래야지
얼씨구나 좀 더 좋다

그런 이웃 그런 나라
이뤄내서 사노라면
모든 나라 따르리니
그리되면 지상낙원
그래야지 그래야지
얼씨구나 좀 더 좋다

별중의 별 될 것이니
선조의 뜻 이룸이라
후손으로 할 일 해낸
자부심이 치솟누나
그래야지 그래야지
얼씨구나 좀 더 좋다

얼씨구야 절씨구야
좀 더 좋고 좀 더 좋다
얼씨구야 절씨구야
좀 더 좋고 좀 더 좋다

아리랑 아리랑 아라리요
아리랑 고개를 넘어간다

2.
그래야지 그래야지
혼자 삶이 아닌 세상
웬만하면 넘어가는
아량으로 살아가세
그래야지 그래야지
얼씨구나 좀 더 좋다

부딪히면 틀어져서
소통의 길 박히나니
그러므로 눈 감아줘
참는 것이 상책일세
그래야지 그래야지
얼씨구나 좀 더 좋다

걸린 생각 비워내서
한결같이 사노라면
복이되어 돌아옴을
실감할 날 있을 걸세
그래야지 그래야지
좀 더 좋고 좀 더 좋다

얼씨구야 절씨구야
좀 더 좋고 좀 더 좋다
얼씨구야 절씨구야
좀 더 좋고 좀 더 좋다

아리랑 아리랑 아라리요
아리랑 고개를 넘어간다

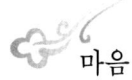 마음

1.
시작도 없는 마음
끝남도 없는 마음

온통으로 드러나
언제나 같이 있어

어떤 것도 가릴 수
전혀 없는 그 마음

고고하고 당당한
영원한 마음일세

아리랑 아리랑 아라리요
아리랑 고개를 넘어간다
청천 하늘에 잔별도 많고
요내 가슴에는 희망도 많다

2.
모두를 마음으로
시도를 뭐든 해봐

안되는 일 없어서
사는 데 불편없고

하고프면 하면 돼
뜻 펼치는 삶이니

즐겁고도 즐거운
누리는 삶이로세

아리랑 아리랑 아라리요
아리랑 고개를 넘어간다
청천 하늘에 잔별도 많고
요내 가슴에는 희망도 많다

사는게 아리랑 고개

1.
이 마음이 내가 되니
나고 죽음 본래 없고
이리 보고 저리 봐도
허공까지 내 몸일세
신기하고 신기하다
신기하고 신기해

이 마음이 내가 되니
안 되는 일 전혀 없이
잡된 생각 사라지고
두려움도 없어졌네
신기하고 신기하다
신기하고 신기해

이 마음이 내가 되니
끝이 없이 자유롭고
잠 못 이룬 괴로움과
공황장애 흔적 없네
신기하고 신기하다
신기하고 신기해

아리랑 아리랑
아라리요
아리랑 고개를 넘어왔다

2.
이 마음이 내가 되니
맘 먹은 일 순조롭고
살아가는 나날들이
마음광명 누림일세
신기하고 신기하다
신기하고 신기해

이 마음이 내가 되니
마음광명 누림이라
나날들이 평화롭고
자신감이 넘쳐나네
신기하고 신기하다
신기하고 신기해

이 마음이 내가 되니
대인관계 순조로와
일일마다 즐거웁고
웃음꽃이 피어나네
신기하고 신기하다
신기하고 신기해

아리랑 아리랑
아라리요
아리랑 고개를 넘어왔다

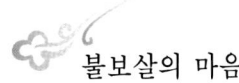 **불보살의 마음**

1.
자비, 그 자비는 눈물이었네
불나방이 불을 쫓듯 가는 이
그래도 못 잊어서 버리지 못해
저리는 저리는 가슴, 그 가슴 안고서
눈물, 피눈물로 저리 부르네

2.
자비, 그 자비는 눈물이었네
제 살 길을 저버리는 이들을
그래도 못 잊어서 버리지 못해
저리는 저리는 가슴, 그 가슴 안고서
눈물, 피눈물로 저리 부르네

 **나의 노래**

1.
노세 노세 봄놀이하세
대천세계 이 봄 경치
한산 습득 친구 삼아
호연지기 즐겨볼까
얼씨구나 절씨구
아니나 즐기고 무엇하리

2.
노세 노세 봄놀이하세
걸음 쫓아 이른 곳곳
문수 보현 벗을 삼아
화엄광장 춤춰볼까
얼씨구나 절씨구
아니나 즐기고 무엇하리

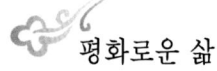 평화로운 삶

1.
이 몸을 나로 아는
하나의 실수로서
우주가 생긴 이래

얼마나 많은 고통
겪어들 왔었던가
치떨린 일이로세

뭘 해야 그 반복을
금생에 끊어버려
그 고통 벗어날까

생각코 생각하니
그 해결 내게 있네
마음이 나 된걸세

아리랑 아리랑 아라리오
아리랑 고개를 넘어간다
청천 하늘엔 잔별도 많고
이내 가슴엔 희망도 많다

2.
마음이 내가 되면
그 어떤 것이라도
더 이상 필요찮고

마음이 내가 되면
미묘한 갖은 공덕
스스로 갖춰 있고

마음이 내가 되면
그 모든 근심 걱정
씻은 듯 사라지고

마음이 내가 되면
이 생과 저 세상이
당초에 없는 걸세

아리랑 아리랑 아라리오
아리랑 고개를 넘어간다
청천 하늘엔 잔별도 많고
이내 가슴엔 희망도 많다

3.
마음이 내가 되면
어제와 내일 일을
눈 앞 일 알 듯하고

마음이 내가 되면
신분이 관계 없이
서로가 평등하며

마음이 내가 되면
모든 일 뜻을 따라
원만히 이뤄지고

마음이 내가 되면
걸림이 없는 그 삶
저절로 이뤄지네

아리랑 아리랑 아라리요
아리랑 고개를 넘어간다
청천 하늘엔 잔별도 많고
이내 가슴엔 희망도 많다

그리운 님

환갑 진갑 다 지난 삶 살다보니
석양 노을 바라보다 텅 빈 가슴
외로움에 철이 드나 생각나는
님이시여 이 몸마저 자유롭지
못한 괴롬 닥쳐서야 님의 말씀
들려오는 철없던 삶 후회하며
외쳐 찾는 님이시여 지는 해를
붙들고서 많이 나된 삶으로써
나고 죽는 모든 고통 없는 삶을
누리라는 그 말씀이 빛이 되어
외쳐지는 님이시여 이제라도
실천 실행 하오리다 이끌어만
주옵소서 님이시여 내 님이여

잘 사는 게 불법일세

1.
잘 사는 게 불법일세
우리 모두 관음보살 지장보살 생활 속에 모시면서
마음 비운 나날들로 바른 삶을 하노라면
불보살님 가피 속에 뜻 이뤄서 꽃을 피운
그런 날이 있을 걸세

2.
잘 사는 게 불법일세
우리 모두 관음보살 지장보살 생활 속에 모시면서
마음 비워 살아가며 시시때때 잊지 않고
참나 찾아 참구하는 그 정성도 함께하면
좋은 소식 있을 걸세

3.
잘 사는 게 불법일세
우리 모두 관음보살 지장보살 생활 속에 모시면서
틈틈으로 회광반조 사색으로 참나 깨쳐
화장세계 장엄하고 얼쉬얼쉬 어울리며
영원토록 웃고 사세

 님은 아시리

1부

1.
사계절의 풍광인들 위로되겠니
서사시의 음률인들 쉬어지겠니
뜻과 같이 되지 않아 기도에 젖은
이 마음 님은 아시리
한 세상 열정 쏟아 닦는 수행길
불보살님 출현하셔 베푼 자비에
모든 망상 모든 번뇌 없었으면 좋으련만
마음대로 안 되는 게 수행이더라, 수행이더라

2.
사계절의 풍광인들 위로되겠니
서사시의 음률인들 쉬어지겠니
뜻과 같이 되지 않아 기도에 젖은
이 마음 님은 아시리
청춘의 모든 욕망 사뤄버리고
회광반조 촌각 아낀 열정 쏟아서
이룬 선정 그 효력이 있었으면 좋으련만
마음대로 안 되는 게 보림이더라, 보림이더라

3.
사계절의 풍광인들 위로되겠니
서사시의 음률인들 쉬어지겠니
뜻과 같이 되지 않아 기도에 젖은
이 마음 님은 아시리
억겁의 모든 습성 꺾어보려고
갖은 노력 갖은 인내 온통 쏟아서
세월 잊은 보림 성취 있었으면 좋으련만
마음대로 안 되는 게 성불이더라, 성불이더라

2 부

1.
사계절의 풍광인들 비유되겠니
가릉빈가 음률인들 비교되겠니
뜻과 같이 자유자재 베풀어놓고
한없이 즐기시련만
그러한 대자유의 삶을 접고서
중생들을 구제하려 삼도에 출현
갖은 역경 어려움을 감내하는 자비로써
깨워주는 그 진리에 눈을 뜨거라, 눈을 뜨거라

2.
사계절의 풍광인들 비유되겠니
가릉빈가 음률인들 비교되겠니
뜻과 같이 자유자재 베풀어놓고
한없이 즐기시련만
억겁을 다하여도 끝이 없을 걸
알면서도 해내겠다 나선 님의 길
가시밭길 험난해도 일관하신 그 자비에
구류중생 깨달아서 정토 이루리, 정토 이루리

3.
사계절의 풍광인들 비유되겠니
가릉빈가 음률인들 비교되겠니
뜻과 같이 자유자재 베풀어놓고
한없이 즐기시련만
낙원의 모든 즐김 떨쳐버리고
삼악도를 낙원으로 이뤄놓겠다
촌각 아낀 그 열정에 모두 모두 감화되어
이 땅 위에 님의 소원 이뤄지리라, 이뤄지리라

 선 승

토함산 소나무 위에
달빛도 조는데
단잠을 잊은 채
장승처럼 앉아있는
깊은 밤 선승의
그윽한 눈빛
고요마저 서지
못한 선정이라
대천도 흔적 없고
허공계도 머물 수 없는
수정 같은 광명이여,
화엄의 세계로세

 우리 모두

우리 모두 만난 인생 즐겁게 살자
부딪치는 세상만사 웃으며 하자
인연으로 어우러진 세상사이니
풀어가는 삶이어야 하지 않겠니

몸종 노릇 하는 사이 맘 챙겨 살자
맑고 맑은 가을 허공 그렇게 비워
명상으로 정신세계 사무쳐보자
언젠가는 깨쳐 웃는 그날이 오리

한산 습득 껄껄 웃는 그러한 웃음
웃어가며 모든 일을 대하는 날로
활짝 펼쳐 어우러진 그러한 삶을
우리 모두 발원하며 즐겁게 살자

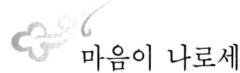 ## 마음이 나로세

본래 마음이 나이건만
몸이 내가 된 삶이 되어
갖은 고통이 따랐다네
이리 쉽고도 쉬운 일을
어찌 등 돌린 삶으로서
고통 속에서 헤매는고

맘이 내가 된 삶으로서
갖은 고통이 없는 삶을
우리 누리고 살아보세
마음 수행을 모두 하여
나고 죽음이 없음으로
태평 세월을 누려보세

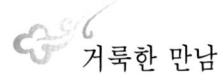 ## 거룩한 만남

불법을 만난 건 행운 중 행운이고 내 생의 정점일세
거룩한 이 법을 만나는 사람이면 서로가 권하고 권을 하여
함께 하는 일상의 수행이 되어서 다 같이 누리는 낙원 이뤄
고통과 생사는 오간 데 없고 웃음과 평온만 넘치고 넘쳐
길이길이 끝이 없는 복락 누리세

여래의 큰 은혜 순간인들 잊으랴 수행해 크게 깨쳐
구제를 다함만 큰 은혜 갚음이니 노력과 실천 다해
우리 모두 씩씩한 낙원의 역군이 되어 봉화적인 이생의 삶으로써
최선을 다하여 부끄럼 없는 대장부로, 은혜 갚는 장부로
길이길이 끝이 없는 복락 누리세

 ## 사람다운 삶

1.
사람이 사람다운 사람이 되려면
명상으로 비우고 비워서
고요의 극치에 이르러
자신을 발견한 슬기로써
마음을 다스리는 연마 후에
그 능력으로 모두가 살아가야
평화로운 세상이 활짝 열려
모두 함께 누릴 걸세

2.
서로가 다툼 없이 서로를 아껴서
마음으로 베풀고 베푸는
사회로 이루어 간다면
낙원이 멀리만 있는 것이 아니라
살고 있는 이대로가 낙원이란 걸
모두가 실감하는
우리들의 세상이 활짝 열려
모두 함께 누릴 걸세

 ## 사는 목적

우리 모두 행복을 찾아 영원을 찾아
내면 향해 비춰보는 명상으로
앉으나 서나 일을 하나 최선을 다하세
하루의 해가 서산을 붉게 물들이고
합장 기도하여 또 다짐과 맹서의 말
뜻 이루어 이 세상의 빛이 돼서
구류를 생사 고해에서 구제하는 사람으로
영원히 영원히 살 것입니다

도서출판 문젠(Moonzen Press)의 책들

출간 도서

바로보인 전등록 전 5권
바로보인 무문관
바로보인 벽암록
바로보인 천부경·교화경·치화경
바로보인 금강경
세월을 북채로 세상을 북삼아
영원한 현실
바로보인 신심명
바로보인 환단고기 전 5권
바로보인 선문염송 전 30권
앞뜰에 국화꽃 곱고 북산에 첫눈 희다
바로보인 증도가
바로보인 반야심경
선을 묻는 그대에게 1·2
바로보인 선가귀감
바로보인 법융선사 심명
주머니 속의 심경
바로보인 법성게
달다 -전강 대선사 법어집
기우목동가
초발심자경문
방거사어록
실증설

하택신회대사 현종기
불조정맥 - 한·영·중 3개국어판
바른 불자가 됩시다
누구나 궁금한 33가지
108진참회문 - 한·영·중 3개국어판
달마의 일할도 허락지 않는다
마음대로 앉아 죽고 서서 죽고
화두 3개국어판 - 한·영·중
바로보인 간당론
완전한 우리말 불공예식법
바로부인 유마경
실증설 5개국어판 - 한·영·불·서·중
누구나 궁금한 33가지 3개국어판
 - 한·영·중
달마의 일할도 허락지 않는다
3개국어판 - 한·영·중
법성게 3개국어판 - 한·영·중
정법의 원류
바로보인 도가귀감
바로보인 유가귀감
화엄경 81권
바로보인 전등록 전 30권

출간예정 도서

바로보인 능엄경 제6권
바로보인 원각경
바로보인 육조단경
바로보인 대전화상주 심경
바로보인 위앙록
해동전등록 전 10권
말 밖의 말
언어의 향기
농선 대원 선사 선송집

진리와 과학의 만남
바로보인 5대 종교
금강경 야부송과 대원선사 토끼뿔
선재동자 참among 오십삼선지식
경봉선사 혜암선사 법을 들어 설하다
십현담 주해
불교대전
태고보우선사 어록

1. 바로보인 전등록 (전30권을 5권으로)

7불과 역대 조사의 말씀이 1,700공안으로 집대성되어 있는 선종 최고의 고전으로, 깨달음의 정수가 살아 숨쉬도록 새롭게 번역되었다.
464, 464, 472, 448, 432쪽.
각권 18,000원

2. 바로보인 무문관

황룡 무문 혜개 선사가 저술한 공안집으로 전등록, 선문염송, 벽암록 등과 함께 손꼽히는 선문의 명저이다. 본칙 48개와 무문 선사의 평창과 송, 여기에 역저자인 대원선사의 도움말과 시송으로 생명과 같은 선문의 진수를 맛보여 주고 있다.
272쪽. 12,000원

3. 바로보인 벽암록

설두 선사의 설두송고를 원오 극근 선사가 수행자에게 제창한 것이 벽암록이다.
이 책은 본칙과 설두 선사의 송, 대원선사의 도움말과 시송으로 이루어져, 벽암록을 오늘에 맞게 바로 보이고 있다.
456쪽. 15,000원

4. 바로보인 천부경

우리 민족 최고(最古)의 경전 천부경을 깨달음의 책으로 새롭게 바로 보였다. 이 책에는 81권의 화엄경을 81자에 함축한 듯한 천부경과, 교화경, 치화경의 내용이 함께 담겨 있으며, 역저자인 대원선사가 도움말, 토끼뿔, 거북털 등으로 손쉽게 닦아 증득하는 문을 열어 놓고 있다.
432쪽. 15,000원

5. 바로보인 금강경

대원선사의 『바로보인 금강경』은 국내 최초로 독창적인 과목을 내어 부처님과 수보리 존자의 대화 이면의 숨은 뜻을 드러내고, 자문과 시송으로 본문의 핵심을 꿰뚫어 밝혀, 금강경 전체를 손바닥 안의 겨자씨를 보듯 설파하고 있다.
488쪽. 15,000원

6. 세월을 북채로 세상을 북삼아

대원선사의 선시가 담긴 선시화집『세월을 북채로 세상을 북삼아』는 선과 시와 그림이 정상에서 만나 어우러신 한바탕이다.
선의 세계를 누리는 불가사의한 일상의 노래, 법열의 환희로 취한 어깨춤과 같은 선시가 생생하고 눈부시게 내면의 소리로 흐른다.
180쪽. 15,000원

7. 영원한 현실

애매모호한 구석이 없이 밝고 명쾌하여, 너무도 분명함에 오히려 그 깊이를 헤아리기 어려운, 대원선사의 주옥같은 법문을 모아 놓은 법문집이다.
400쪽. 15,000원

8. 바로보인 신심명

신심명은 양끝을 들어 양끝을 쓸어버리는, 40대치법으로 이루어진, 3조 승찬 대사의 게송이다. 이를 대원선사가 바로 번역하는 것은 물론, 주해, 게송, 법문을 더해 통쾌하게 회통하고 자유자재 농한 것이 이『바로보인 신심명』이다.
296쪽. 10,000원

9. 바로보인 환단고기 (전5권)

『바로보인 환단고기』 1권은 민족정신의 정수인 환단고기의 진리를 총정리하여 출간하였다. 2권에는 역사총론과 태초에서 배달국까지 역사가 실려 있으며, 3권은 단군조선, 4권은 북부여에서부터 고려까지의 역사가 실려 있다. 5권에는 역사를 증명하는 부록과 함께 환단고기 원문을 실었다. 344·368·264·352·344쪽.
각권 12,000원

10. 바로보인 선문염송 (전30권)

선문염송은 세계최대의 공안집이다. 전 공안을 망라하다시피 했기에 불조의 법 쓰는 바를 손바닥 들여다보듯 하지 않고는 제대로 번역할 수 없다. 대원선사는 전 공안을 바로 참구할 수 있게끔 번역하고 각 칙마다 일러보였다. 352 368 344 352 360 360 400 440 376 392 384 428 410 380 368 434 400 404 406 440 424 460 472 456 504 528 488 488 480 512쪽. 각권 15,000원

11. 앞뜰에 국화꽃 곱고 북산에 첫눈 희다

대원선사의 선문답집으로 전강·경봉·숭산·묵산 선사와의 명쾌한 문답을 실었으며, 중앙일보의 〈한국불교의 큰스님 선문답〉 열 분의 기사와 기자의 질문에 대한 대원선사의 별답을 함께 실었다.
200쪽. 5,000원

12. 바로보인 증도가

선종사에 사라지지 않을 발자취로 남은 영가 선사의 증도가를 대원선사가 번역하고 법문과 송을 더하였다.
자비의 방편인 증도가의 말씀을 하나하나 쳐가는 선사의 일갈이야말로 영가 선사의 본 의중과 일치하여 부합하는 것이라 아니할 수 없다.
376쪽. 10,000원

13. 바로보인 반야심경

이 시대의 야부(冶父)선사, 대원선사가 최초로 반야심경에 과목을 붙여 반야심경 내면에 흐르는 뜻을 밀밀하게 밝혀놓고 거침없는 송으로 들어보였다.
264쪽. 10,000원

14. 선(禪)을 묻는 그대에게 (전10권 중 2권)

대원선사의 선수행에 대한 문답집.
깨달아 사무친 경지에 대한 밀밀한 점검과, 오후보림에 대한 구체적인 수행법 제시와, 최초의 무명과 우주생성의 원리까지 낱낱이 설한 법문이 담겨 있다.
280쪽, 272쪽. 각권 15,000원

15. 바로보인 선가귀감

선가귀감은 깨닫고 닦아가는 비법이 고스란히 전수되어 있는 선가의 거울이라 할 만하다. 더욱이 바로보인 선가귀감은 매 소절마다 대원선사의 시송이 화살을 과녁에 적중시키듯 역대 조사와 서산대사의 의중을 꿰뚫어 보석처럼 빛나고 있다.
352쪽. 15,000원

16. 바로보인 법융선사 심명

심명 99절의 한 소절, 한 소절이 이름 그대로 마음에 새겨두어야 할 자비광명들이다.
이 심명은 언어와 문자이면서 언어와 문자를 초월한 일상을 영위하게 하는 주옥같은 법문이다.
278쪽. 12,000원

17. 주머니 속의 심경

반야심경은 부처님이 설하신 경 중에서도 절제된 경으로 으뜸가는 경이다. 대원선사의 선송(禪頌)도 그 뜻을 따라 간략하나 선의 풍미를 한껏 담고 있다. 하루에 한 소절씩을 읽고 참구한다면 선 수행의 지름길이 될 것이다.
 84쪽. 5,000원

18. 바로보인 법성게

법성게는 한마디로 화엄경의 핵심부를 온통 훤출히 드러내놓은 게송이다. 짧은 글 속에 일체의 법을 이렇게 통렬하게 담아놓은 법문도 드물 것이다.
이렇게 함축된 법성게 법문을 대원선사가 속속들이 밀밀하게 설해놓았다.
176쪽. 10,000원

19. 달다 - 전강 대선사 법어집

이제는 전설이 된 한국 근대선의 거목인 전강 선사님의 최상승법과 예리한 지혜, 선기로 넘쳤던 삶이 생생하게 담겨 있는 전강 대선사 법어집 〈달다〉!
전강 대선사님의 인가 제자인 대원선사가 전강 대선사님의 법거량과 법문, 일화를 재조명하여 보였다.
368쪽. 15,000원

20. 기우목동가

그 뜻이 심오하여 번역하기 어려웠던 말계 지은 선사의 기우목동가!
대원선사가 바른 뜻이 드러나도록 번역하고, 간결한 결문과 주옥같은 선송으로 다시 보였다.
 146쪽. 10,000원

21. 초발심자경문

이 초발심자경문은 한문을 새기는 힘인 문리를 터득하게 하기 위하여 일부러 의역하지 않고 직역하였다.
대원선사의 살아있는 수행지침도 실려 있다.
266쪽. 10,000원

22. 방거사어록

방거사어록은 선의 일상, 선의 누림을 보여주는 대표적인 선문이다. 역저자인 대원선사는 방거사어록의 문답을 '본연의 바탕에서 꽃피우는 일상의 함'이라 말하고 있다. 법의 흔적마저 없는 무답의 경지를 온전하게 드러내 놓은 번역과, 방거사와 호흡을 함께 하는 듯한 '토끼뿔'이 실려 있다.
306쪽. 15,000원

23. 실증설

이 책은 대원선사가 2010년 2월 14일 구정을 맞이하여 불자들에게 불법의 참뜻을 보이기 위해 홀연히 펜을 들어 일시에 써내려간 법문을 모태로 하였다. 실증한 이가 아니고는 설파할 수 없는 성품의 이치를 자문자답과 사제간의 문답을 통해 1, 2, 3부로 나눠 실증하여 보이고 있다.
224쪽. 10,000원

24. 하택신회대사 현종기

육조대사의 법이 중국천하에 우뚝하도록 한 장본인, 하택신회대사의 현종기. 세간에 지해종도(知解宗徒)로 알려져 있는 편견을 불식시키는 뛰어난 깨달음의 경지가 여기에 담겨있다. 대원선사가 하택신회대사의 실경지를 드러내고 바로보임으로써 빛냈다.
232쪽. 10,000원

25. 불조정맥 - 韓・英・中 3개국어판

석가모니불로부터 현 78대에 이르기까지 불조정맥진영(佛祖正脈眞影)과 정맥전법게(正脈傳法偈)를 온전하게 갖춘 최초의 불조정맥서. 대원선사가 다년간 수집, 정리하여 기도와 관조 끝에 완성한 『불조정맥』을 3개 국어로 완역하였다.
216쪽. 20,000원

26. 바른 불자가 됩시다

참된 발심을 하여 바른 신앙, 바른 수행을 하고자 해도, 그 기준을 알지 못해 방황하는 불자님들을 위해 불법의 바른 길잡이 역할을 하도록 대원선사가 집필하여 출간하였다.
162쪽. 10,000원

27. 누구나 궁금한 33가지

21세기의 인류를 위해 모든 이들이 가장 어렵고 궁금해 하는 문제, 삶과 죽음, 종교와 진리에 대한 바른 지표를 제시하고자 대원선사가 집필하여 출간하였다.
180쪽. 10,000원

28. 108진참회문 - 韓・英・中 3개국어판

전생의 모든 악연들이 사라져 장애가 없어지고, 소망하는 삶을 살게 하기 위해 대원선사가 10계를 위주로 구성한 108 항목의 참회문이다. 한 대목마다 1배를 하여 108배를 실천할 것을 권한다.
170쪽. 15,000원

29. 달마의 일할도 허락지 않는다

대원선사의 짧고 명쾌한 법문집.
책을 잡는 순간 달마의 일할도 허락지 않는 선기와 맞
닥뜨리게 될 것이다. 때로는 하늘을 찌를 듯한 기세와,
때로는 흔적 없는 공기와도 같은 향기를 일별하기를…
190쪽. 10,000원

30. 마음대로 앉아 죽고 서서 죽고

생사를 자재한 분들의 앉아서 열반하고 서서 열반한 내
력은 물론 그분들의 생애와 법까지 일목요연하게 수록
해놓았다.
446쪽. 15,000원

31. 화두 3개국어판 – 韓·英·中

『화두』는 대원선사의 평생 선문답의 결정판이다. 생생
하게 살아있는 선(禪)을 한·영·중 3개국어로 만날
수 있다. 특히 대원선사의 짧은 일대기가 실려 있어 그
선풍을 음미하는 데에 큰 도움을 주고 있다.
440쪽. 15,000원

32. 바로보인 간당론

법문하는 이가 법리를 모르고 주장자를 치는 것을 눈먼
주장자라 한다. 법좌에 올라 주장자 쓰는 이들을 위해
서 대원선사가 간당론에서 선리(禪理)만을 취하여 『바
로보인 간당론』을 출간하였다.
218쪽. 20,000원

33. 완전한 우리말 불공예식법

부처님께 공양을 올리고 불보살님의 가피를 구하는 예법 등을 총칭하여 불공예식법이라 한다. 대원선사가 이러한 불공예식의 본뜻을 살려서 완전한 우리말본 불공예식법을 출간하였다.
456쪽. 38,000원

34. 바로보인 유마경

유마경은 불법의 최정점을 찍는 경전이라 할 것이니, 불보살님이 교화하는 경지에서의 깨달음의 실경과 신통자재한 방편행을 보여주는 최상승 경전이다. 대원선사가 〈대원선사 토끼뿔〉로 이 유마경에 걸맞는 최상승법을 이 시대에 다시금 드날렸다.
568쪽. 20,000원

35. 실증설
5개국어판 – 韓 · 英 · 佛 · 西 · 中

대원선사가 불법의 참뜻을 보이기 위해 홀연히 펜을 들어 일시에 써내려간 실증설! 실증한 이가 아니고는 설파할 수 없는 도리로 가득한 이 책이 드디어 영어, 불어, 스페인어, 중국어를 더하여 5개국어로 편찬되었다.
860쪽. 25,000원

36. 누구나 궁금한 33가지
3개국어판 – 韓 · 英 · 中

누구라도 풀어야 할 숙제인 33가지의 의문에 대한 답을 21세기의 현대인에게 맞는 비유와 언어로 되살린 『누구나 궁금한 33가지』가 한글, 영어, 중국어 3개국어로 출간되었다.
408쪽. 15,000원

37. 달마의 일할도 허락지 않는다
3개국어판 – 韓·英·中

대원선사의 짧고 명쾌한 법문집인 『달마의 일할도 허락지 않는다』가 한글, 영어, 중국어 3개국어로 출간되었다. 전세계에서 유일하게 활선의 가풍이 이어지고 있는 한국, 그 가운데에서도 불조의 정맥을 이은 대원선사가 살활자재한 법문을 세계로 전하고 있는 책이다.
308쪽. 15,000원

38. 화엄경 (전81권)

대원선사는 선문염송 30권, 전등록 30권을 모두 역해하여 세계 최초로 1,463칙 전 공안에 착어하였다. 이러한 안목으로 대천세계를 손바닥의 겨자씨 들여다보듯 하신 불보살님들의 지혜와 신통으로 누리는 불가사의한 화엄세계를 열어 보였다.
220쪽. 각권 15,000원

39. 법성게 3개국어판 – 韓·英·中

법성게는 한마디로 화엄경의 핵심부를 훤출히 드러내놓은 게송으로 짧은 글 속에 일체 법을 고스란히 담아 놓았다. 대원선사의 통쾌한 법성게 법문이 한영중 3개국어로 출간되었다.
376쪽. 15,000원

40. 정법의 원류

『정법의 원류』는 불조정맥을 이은 정맥선원의 소개서이다. 정맥선원은 불조정맥 제77조 조계종 전강 대선사의 인가 제자인 대원 전법선사가 주재하는 도량이다. 『정법의 원류』를 통해 정맥선원 대원선사의 정맥을 이은 법과 지도방편을 만날 수 있다.
444쪽. 20,000원

41. 바로보인 도가귀감

도가귀감은, 온통인 마음[一物]을 밝혀 회복함으로써, 생사를 비롯한 모든 아픔과 고를 여의어, 뜻과 같이 누려서 살게 하고자 한 도교의 뜻을, 서산대사가 밝혀놓은 책이다. 대원선사가 부록으로 도덕경의 중대한 대목을 더하고, 그 대목대목마다 결문(決文)하였다.
218쪽. 12,000원

42. 바로보인 유가귀감

유가귀감은 서산대사가 간추려놓은 구절로서, 간결하지만 심오하기 그지없으니, 간략한 구절 속에서 유교 사상을 미루어볼 수 있게 하였다. 대원선사가 그 뜻이 잘 드러나게 번역하고 그 대목대목마다 결문(決文)하였다.
236쪽. 15,000원

43. 바로보인 전등록 (전30권)

7불로부터 52세대까지 1,701명 선지식의 깨달음의 진수가 담긴 전등록 30권에 농선 대원 선사가 선리(禪理)의 토끼뿔을 더해 닦아 증득하는데 도움이 되도록 하였다.
288쪽. 각권 15,000원

농선 대원 선사 법문 mp3 주문 판매

* 천부경 : 15,000원
* 신심명 : 30,000원
* 현종기 : 65,000원
* 기우목동가 : 75,000원
* 반야심경 : 1회당 5,000원 (총 32회)
* 선가귀감 : 1회당 5,000원 (총 80회)

* 금강경 : 40,000원
* 법성게 : 10,000원
* 법융선사 심명 : 100,000원

농선 대원 선사 작사 CD 주문 판매

* 가슴으로 부르는 불심의 노래 1,2,3집
  각 : 1만 5천원
* 유튜브에서 채널 구독하시고 무료로 찬불가 앨범을 감상하세요

주문 문의 ☎ 031-534-3373

유튜브에서 채널 구독하시고
무료로 찬불가 앨범을 감상하세요

유튜브에서 MOONZEN을 검색하시거나
아래의 주소로 접속해주세요

http://www.youtube.com/user/officialMOONZEN